EL CÓDIGO DE LAS MENTES MILLONARIAS

José Ramírez Lazo

Título: EL CÓDIGO DE LAS MENTES MILLONARIAS

© 2019, José Ramírez Lazo.

Ilustración de portada: www.escritoyhecho.com

Revisión de estilo: www.escritoyhecho.com y Sandro Doreste Bermúdez

Corrección ortotipográfica: www.escritoyhecho.com y Sandro Doreste Bermúdez

1ª edición

Todos los derechos reservados.

Así pues, buen trabajo y mejores éxitos.

TABLA DE CONTENIDOS

PRÓLOGO

"Sin Acción No Existe Nada"

Juan Carlos Castro

Cada vez que doy una conferencia, taller o seminario en diferentes partes del mundo, hay siempre algún curioso que me pregunta: *"Juan Carlos, ¿fue fácil el viaje hasta llegar aquí?"*

Y la verdad es esta...

Fue bastante complicado porque me he tenido que hacer a mí mismo, pero también te puedo decir que es más sencillo cuando te pegas a buenas personas, personas maravillosas, grandes profesionales y sobre todo, visionarios.

Siempre tuve a mi mujer, a mis padres, a mis hermanos, a mis amigos, a mis mentores y hoy tengo a mi comunidad de *Neurotrainers* que buscan transformar la vida de miles de personas.

Todos ellos me ayudaron poco a poco a que mi viaje fuese menos complicado.

Pasar de estar encima de un camión repartiendo comestibles por toda España a convertirme en el primer hispano en vender programas de 50.000 euros en el escenario y ser referente internacional, como entenderás no va de tocarte la barriga, viene de trabajar mucho, de tener mucha disciplina, de estar dispuesto a ir donde el resto del mundo no esta dispuesto a hacerlo, pero no creo que lo hubiera conseguido si no hubiese tenido personas increíbles cerca de mí.

El mensaje que te quiero dejar es que se puede conseguir aquello que deseas en cualquier disciplina, pero siempre teniendo dos cosas en cuenta: la mentalidad y las personas adecuadas.

Sin una mentalidad y actitud ganadora, exitosa y guerrera no llegarás. Pero sin la ayuda, la inspiración y la motivación de tu entorno, tampoco.

Yo he tenido la fortuna de tener en mi escuela a José Luís Ramírez, que no solamente ha sido un alumno, sino que por méritos propios, se ha convertido en un inspirador, un visionario para todos.

Probablemente ya hayas oído hablar de él.

José Luis, de alguna forma ha utilizado este libro que tienes entre tus manos para transmitirte sabiamente esos códigos que ciertas personas utilizamos para tener una mente millonaria.

Estoy seguro de que te ayudará desde su propia historia a entender por qué no llega la riqueza a tu vida, no solamente a nivel monetario, sino sobre todo a nivel mental.

Son prismas distintos que te ayudarán a cambiar rutinas nocivas en el ámbito financiero, riqueza y prosperidad y transformarlas en poderosas, así que hazte un favor y convierte este libro de José Luis en un aula donde aprender cómo impulsarte a un destino rico en todos los aspectos.

A mí me ha encantado. Confío en que a ti te suceda lo mismo.

No olvides que dejar de aprender nos encamina a la muerte intelectual y social.

Apaláncate del camino y la experiencia de otros para que tu viaje sea más liviano.

Gracias José Luis por darme la oportunidad de ser parte de esta primera obra que has hecho desde lo más profundo de tu corazón.

Ahora pasa a la página siguiente y disfruta de este auténtico crack.

Juan Carlos Castro

Referente mundial en Venta on Stage de productos Premium

www.venderhablandoenpublico.com

www.juancarloscastro.es

www.neurotrainer.es

INTRODUCCIÓN

La gran mayoría de las personas se pasa toda su vida quejándose de su situación económica; sin embargo, no están dispuestas a dar el primer paso para lograr el cambio que desean.

¿Por qué?

Son diversos los motivos que rondan en sus cabezas: «¿Qué dirán?», «¿Y si no me va bien?», «¿Y si lo pierdo todo?», «¿Y si pierdo a mis amigos?», «¿Y si hago el ridículo?», «Tengo vergüenza»...

Como ves, son muchos los motivos y seguramente que te sonarán algunos, ¿verdad?

Pues déjame decirte que todos ellos se pueden resumir en uno solo: el MIEDO.

Sin embargo, este mecanismo te mantendrá siempre en la mediocridad porque, para tu mente, es mucho más cómodo que te quedes en tu zona de confort y evites así entrar en juego, tomar acciones para las que necesitas vencer el miedo y tener el coraje necesario para llevarlas a cabo.

¡Qué sencillo resulta decir «quiero ser como este o como aquel millonario exitoso», pero qué difícil hacerlo porque ello significa que tienes que salir de tu zona de confort!

En otras palabras: si deseas el éxito, tanto personal como profesional y económico, el primer paso que debes dar pasa por sacrificar muchas de las cosas con las cuales te encuentras cómodo en este momento: los seres queridos, los amigos, las horas de estar acostado viendo televisión, algunas vacaciones, dormir más horas, algunas cenas con amigos, cierto estilo de vida, etc.

En definitiva: no puedes seguir haciendo las mismas cosas de siempre si quieres obtener resultados diferentes. Punto.

No obstante, no se trata solamente de que hagas cosas diferentes y obtengas resultados. Hay muchas personas que, a base de trabajo y esfuerzo, han hecho realidad sus deseos y eso es maravilloso; lo malo es que, cuando han llegado ahí, se han acomodado en su nueva zona de confort y han dejado de crecer por conformismo, ignorancia, miedo, falta de conciencia, falta de nuevas inspiraciones, falta de motivación y el ingrediente más importante: falta de entusiasmo y coraje.

En mi caso, siempre he tenido la motivación necesaria para salir de mi zona de confort, seguramente debido a una desgracia que sucedió en mi vida cuando apenas tenía tres años de edad.

Siendo tan pequeño, perdí a mi padre. Eso, añadido a que soy el quinto hermano de siete hijos, seguro que te da una imagen clara de que no tuve una infancia muy maravillosa que digamos.

A medida de que fui creciendo, me di cuenta de las dificultades y necesidades que tenía y, a pesar de que no me faltaba el amor familiar gracias a una madre que se convirtió en una supermadre trabajando todo el día para darnos todo lo que podía, y a pesar también de que nunca nos faltó en casa un plato de comida ni educación, era consciente de que no podía tener muchas cosas materiales en esa situación.

Por eso, cuando todavía era un niño de apenas nueve años de edad, en lugar de estar jugando todo el día, prefería salir al mercado a vender mis mangos y mis limones para tener dinero propio.

¡Aún recuerdo la cara de sorpresa de mi madre cuando le pedí prestado dinero para comprar mi primera caja de mangos! Aun así, me lo concedió y este préstamo fue el inicio de mi vida con dinero propio.

Esto hizo que siempre tuviese más dinero que los demás niños y que me pudiera comprar lo que se me antojara, no por una cuestión de suerte ni nada parecido, simplemente porque, sin saberlo, estaba haciendo las cosas de manera diferente a como las hace la gran mayoría.

Este es el propósito que me he planteado con este libro: ayudarte a que pienses y actúes diferente a los demás para lograr tus objetivos una y otra vez.

Te vas a encontrar en el camino con algunas dificultades y obstáculos e, incluso, con personas de tu entorno que no te creerán, que no te apoyarán y algunos que hasta se burlarán de ti, pero eso no te debe importar porque tu objetivo y tu motivación por lograrlo deben ser más fuertes que todo eso.

Yo lo tuve claro desde el principio: por eso, a pesar de que algunos niños se burlaban de mí llamándome «manguero» o «limonero», no me importaba porque lo que no sabían esos niños es que ese «manguero» o «limonero» tenía un propósito bien definido: comprarme lo que quería y que otros niños de mi edad no se podían permitir.

Esto, que puede parecerte un juego de niños más, fue lo que forjó en mí una personalidad inquieta que, de nuevo sin saberlo, me hizo pensar como los millonarios más exitosos del planeta, obtener lo que deseo... y no detenerme ahí, no dejar nunca que la zona de confort me atrapase e ir siempre en busca del siguiente nivel.

Así es como piensan y actúan ellos, los millonarios, y así es como te voy a enseñar a pensar y actuar en este libro en el que te voy a revelar las claves para que obtengas el éxito que siempre has deseado.

¿Por qué estoy tan seguro de que lo vas a lograr?

Porque yo ya lo he hecho, no en una ocasión ni en dos sino hasta en tres y voy ahora a por la cuarta, y lo que es mejor, ¡empezando siempre de cero!

¿Quién soy yo y por qué puedo ayudarte?

Mi historia se podría dividir en un antes y un después de 2001, no porque se derrumbaron las torres gemelas sino porque en 2001 emigré; dejé Perú porque en esa época se vivía una crisis política, económica y social en la que no funcionaba nada.

Aun así, en ese contexto en el que no funcionaba nada y con menos de treinta años, había logrado montar dos clínicas propias en las que tenía dentistas, secretarias y mecánicos dentales trabajando para mí.

Como te puedes imaginar, esto me reportaba grandes ingresos que me permitían vivir sin preocupaciones económicas y disponer de todo lo que deseaba: coche, casa, buena posición social... ¡Lo tenía todo!

Pero, como te he dicho antes, el mayor error de la gran mayoría es quedarse en su nueva zona de confort, así que decidí salir de ella.

Por eso, cuando decidí dejar mi país, la gente me decía: «¡José, estás loco! Tú que lo has obtenido todo, ¿cómo se te ocurre dejar tu país?».

Nadie entendía lo que quería cuando lo dejé todo y decidí viajar a Italia con tan sólo dos mil soles —unos mil dólares— en el bolsillo, o lo que es lo mismo, con nada.

Eso sí, lo hice con el sueño de hacer cosas muy grandes, aunque no sabía cómo, pero te aseguro que tenía la certeza de que lo podía lograr porque creía totalmente en mí y en mi capacidad de poder mental.

¿Por qué elegí Italia como destino?

Porque ya tenía familia viviendo allí, la misma familia que, cuando les dije que había venido a Italia para trabajar como dentista, soltaron una carcajada general al mismo tiempo que me decían: «Josecito, estás soñando. Aterriza, sé realista. Si para un italiano es imposible entrar en ese círculo cerrado de dentistas, imagínate para ti, un extracomunitario. Es imposible».

Lo mismo sucedió con la jefa de mi esposa.

Mi esposa trabajaba con una señora anciana que tenía una hija dentista. Un día me la presentó y yo, con todo el entusiasmo y la emoción, le conté mi objetivo de ingresar a la universidad.

¿Sabes cuál fue su respuesta?

Efectivamente: «José, no es nada fácil».

A pesar de ello, yo tenía muy claro mi objetivo y la certeza de que lo iba a lograr, ya que contaba con la fortaleza mental adquirida en mi época de «manguero» o «limonero», así que me quedé mirándolos en silencio y, con una emoción enorme, respondí: «Será difícil, pero no imposible. Voy a probar».

Alquilé una habitación y conseguí un trabajo de limpiador en un consultorio dental donde, poco a poco, comencé a ganarme la confianza del dentista. Este, poco tiempo después, empezó a darme algunos trabajos de odontología.

Sin embargo, ese no era mi sueño: mi sueño era lograr que se reconociera mi título en Italia, así que comencé a tocar las puertas de todas las universidades, incluso la del Ministerio de Salud, y a buscar por todos lados sin que nadie me diera la información correcta.

Un día me hablaron de un peruano, colega de profesión, que ya lo había logrado, y lo primero que me vino a la mente fue: «*¡Wow!* ¡Si él lo ha logrado, yo también puedo!».

Fui a verlo, le comenté mi sueño y le pregunté cómo lo había logrado.

Me dijo que tenía que presentarme a un examen de admisión en la Universidad Católica de Roma, junto con los postulantes de primer año, para el que debía estudiar Cultura General, Historia, Literatura, Gramática Italiana, etc.

No obstante, ahí no quedaba la cosa porque, si superaba ese examen, tenía que hacer un examen referente a mi carrera y, en caso de aprobar, sería admitido para cursar quinto año de carrera.

El siguiente paso fue trabajar todo el día hasta las siete o las ocho de la noche, llegar a casa, cenar y estudiar hasta las dos o las tres de la mañana para aprobar ese examen de admisión en la universidad.

Así eran todos los días en mi vida y no me importaba porque tenía la mente tan enfocada en lograr mi meta que no tenía tiempo de sentir el cansancio ni la depresión ni lo duro que era estar en un trabajo que no era para mí, no después de tener todas las comodidades y ser propietario de dos clínicas con dentistas que trabajaban para mí.

En Perú era un empresario y, aun así, comenzar en Italia limpiando un consultorio no me importó porque sabía que era el pasaje que debía atravesar en mi vida para lograr mi objetivo.

Y, ¡por fin llegó el esperado día del examen!

Éramos veinticinco postulantes extranjeros para tan sólo dos vacantes, pero a mí no me importaba porque creía en mí plenamente y con esa confianza hice el examen.

A la semana me llamaron por teléfono: «Señor Ramírez, ha sido admitido en la universidad».

¡WOW! ¡Fue una emoción increíble!

Pero todavía no estaba hecho. Ahora tocaba salir nuevamente de la zona de confort y pasar a la siguiente fase: estudiar el quinto año de universidad para convalidar mi título en Italia.

Así comencé la nueva rutina durante todo el año... De la universidad al trabajo, del trabajo a la universidad... Fue duro, pero valió la pena el esfuerzo ya que superé los exámenes y obtuve la titulación.

¡Fue una alegría inmensa!

Entonces, mi foco se dirigió a otra cosa: salir de la nueva zona de confort y empezar a desarrollar mi última parte del plan, que era trabajar como dentista.

Lo primero que hice fue hablar con el señor para el que había estado trabajando en su consultorio como asistente, a veces haciendo trabajos de odontología a escondidas, y decirle: «Claudio, te agradezco enormemente todo lo que has hecho por mí, pero yo he venido a Italia para crecer y quiero montar un consultorio y lo quiero poner contigo, si estás de acuerdo, en agradecimiento a la oportunidad que me diste».

Su respuesta fue: «Pero José, eso es muy difícil, casi imposible. Ya sabes: muchos impuestos, la burocracia y lo complicado que es obtener los permisos. Te lo digo por experiencia ya que en su día pasé por todo esto. Si no me crees, adelante, ya te darás cuenta por ti mismo de que te va a ser imposible... Si quieres, te puedo presentar algunos colegas amigos para que tengas más trabajo».

Sabía que Claudio me deseaba lo mejor y que me estaba diciendo aquello por mi bien, pero yo estaba convencido de mí mismo y de mi objetivo a lograr, así que le dije: «Te agradezco tus consejos, pero aun así voy a probar porque he venido para eso; si no, no hubiese venido».

Era agosto y, mientras casi todo el mundo estaba de vacaciones, yo comencé a buscar un local, a informarme de cómo se pedían los permisos para la licencia y toda esa parte burocrática...

De nuevo estaba siguiendo mi sueño y, por lo tanto, mis ganas de cumplirlo me impidieron desfallecer hasta que alquilé el local, un local grande, y le dije a Claudio: «Ya tengo el local. O vienes conmigo o me voy solo».

Claudio, sorprendido por la rapidez de mis gestiones y admirado por mi decisión, me dijo: «¡Comenzamos!».

Así que metimos dinero en el proyecto y comenzamos juntos.

El caso es que, una vez abierta la clínica, empecé a trabajar y trabajar hasta que, cuatro años después, llegó un punto en el que sabía que podía ir más allá.

Al principio, el 99% de mis pacientes eran sudamericanos, pero poco a poco me gané la confianza de los italianos y obtuve una cartera enorme de pacientes, entre el 70% y el 80% italianos y el resto extranjeros.

Tenía un montón de pacientes y sabía que era porque siempre he sido un imán para el dinero y para la gente y sabía de mi carisma. Eso fue lo que me impulsó a abrir mi segunda clínica porque la primera no era muy céntrica y, como tenía pacientes que me buscaban de todos lados, me dije: «Si la montaña no va a Mahoma, Mahoma irá a la montaña», así que puse mi segunda clínica en el centro histórico, a quinientos metros del Coliseo.

¡De nuevo me había movido de la zona de confort para pasar al siguiente nivel, todo esto en plena crisis de 2008!

Sí, has leído bien, ¡en plena crisis había montado dos clínicas a pesar de que todo el mundo me decía que era imposible!

Si te soy sincero, nunca supe cómo lo iba a lograr, pero sí que tenía claro que lo iba a hacer.

¿Y por qué estaba tan seguro de ello?

Porque siempre he sido una persona a la que le gusta nadar a contracorriente y no acomodarme en los nuevos niveles que iba logrando en mi avance. Así es como he obtenido el éxito profesional y económico.

Seguí creciendo como profesional e hice un máster internacional de Implantología y otro de Cirugía Oral. Me sentía el más afortunado del mundo porque... ¡era el dentista que había obtenido el éxito profesional en el extranjero!

Y seguí creciendo aún más...

Dictaba conferencias, me iba a Perú a dar conferencias en las universidades e incluso trabajaba para una empresa de implantes dentales como orador.

¡Volvía a tenerlo todo en mi vida!

Sin embargo, otra vez llegué a un punto en el que dije: «¡No, basta ya!», y, de nuevo, decidí moverme de mi zona de confort para comenzar un nuevo viaje que me llevase al siguiente nivel: lograr mi libertad, porque hasta ese momento había logrado todo lo que buscaba: éxito profesional, éxito económico y estatus, pero había perdido la cosa más importante: «el tiempo», «mi libertad personal».

Toda mi vida giraba alrededor de mi trabajo y era el momento de buscar mi libertad.

De nuevo lo logré, pero más adelante te cuento cómo...

Y, aún más adelante, volví a... ya sabes a qué, ¿verdad?

¡Exacto, a salir de mi zona de confort!

Esa vez fue para un propósito aún mayor: cumplir mi misión de vida.

Ahí es donde se cruzan nuestros caminos porque tú quieres lograr el éxito que yo ya tengo y yo quiero cumplir mi misión, que es ayudar a que lo logres.

Por eso he escrito este libro, para revelarte los trece códigos que siguen una y otra vez los millonarios para obtener todo cuanto se proponen y que he seguido y sigo aplicando en mi vida para lograr todo cuanto tengo.

Este libro se titula EL CÓDIGO DE LAS MENTES MILLONARIAS, porque estás a punto de descubrir los trece códigos que tienes que seguir paso a paso y al pie de la letra para tener una verdadera mente de millonario.

Porque **la riqueza no es cuestión de números, la riqueza es cuestión de mentalidad.**

Esto es lo que estoy a punto de enseñarte: que, para ser millonario, primero debes cambiar tu mentalidad.

¿Por qué?

Porque tu mentalidad está formada por ideas o paradigmas que te han metido dentro de la cabeza y que son totalmente conceptos equivocados, como, por ejemplo, que para ser millonario se necesita estudiar sobre finanzas, economía, o negocios internacionales y entender de números.

¡Error!

Hay muchos profesionales que estudian esas carreras y ¿sabes qué sucede? ¿Sabes dónde terminan estos profesionales?

Trabajando en una empresa a cambio de un sueldo.

Algo no funciona aquí, ¿verdad? ¿No se supone que deberían ser millonarios?

Volvemos a lo mismo: esto es fruto de todo lo que nos han hecho creer, de todos esos paradigmas del tipo:

«Tienes que estudiar mucho, titularte, hacer un máster, hacer doctorados y buscar un trabajo; sólo así podrás vivir feliz y tranquilo toda la vida».

Hubo un tiempo en que esto era así, pero esa fórmula ya no funciona porque vivimos en una época completamente diferente; por lo tanto, tienes que cambiar desde ahora mismo esos paradigmas, esas creencias, que te han metido en la cabeza.

Puede que esto que te acabo de decir te esté creando mil y una dudas en la cabeza y te entiendo, pero para ayudarte un poco más a despejarlas te diré que la gran mayoría de los millonarios que conocemos actualmente, como Amancio Ortega Gaona, Bill Gates, Mark Zuckerberg o Steve Jobs, nunca han hecho una carrera de finanzas o economía. Es más: muchos ni siquiera han ido a la universidad.

Algo extraño sucede aquí, ¿verdad? Algo extraño que no nos han contado.

Ojo, con esto no te quiero decir que estudiar sea algo malo. No. Simplemente quiero hacerte ver, desde mi experiencia personal, que, a pesar de ser una persona que ha estado estudiando durante gran parte de su vida, únicamente he logrado tener éxito profesional y ganar mucho dinero siendo esclavo de mi trabajo, cuando entendí que la fórmula del sistema, el *statu quo* que nos han metido en la cabeza y que nos han vendido durante tanto tiempo, ya no funciona y quizá nunca ha funcionado.

Aun así, siguen intentando hacernos creer que es la fórmula correcta.

¿El motivo?

Seguramente sea porque quieren tenernos siempre dentro de la manada, de un sistema, y no quieren que seas libre y vueles alto como un águila; por eso te cortan las alas, para que no vueles, porque, cuanto menos sepas de educación financiera, cuanto menos conozcas cómo se juega al juego del dinero, más tranquilo está el sistema porque, cuanto más ignorante seas a nivel financiero, más fácilmente caerás en un sistema en el que te manejarán a su antojo.

Quiero que abras los ojos y entiendas que hay otra forma de vivir, que hay otra forma de ver las cosas.

Por eso, a través de la experiencia que he adquirido después de lograr el éxito tres veces partiendo desde cero en cada una de ellas, he creado estos códigos de las mentes millonarias.

Todos y cada uno de ellos están basados en los pasos que he seguido y que me han llevado a lograr todo cuanto me he propuesto.

Además, gracias a estos códigos he llegado a saber cuál es mi verdadera misión de vida.

Hasta hace poco pensaba que era la búsqueda de mi libertad económica y de tiempo, pero gracias a estos códigos me he dado cuenta de que lo que realmente quiero es enseñar a miles, millones de personas en todo el mundo a conseguir lo que yo he logrado.

Esa es mi misión y estoy dispuesto a cumplirla contigo; por lo tanto, lo primero que quiero que te grabes a fuego en tu mente es que ser millonario no es cuestión de números, es cuestión de mentalidad.

Ahora sí, comencemos con los códigos de las mentes millonarias que te llevarán a lograr la abundancia que deseas.

¡Vamos allá!

CÓDIGO 1

DESCUBRE TU MISIÓN

«El liderazgo personal no consiste en una sola experiencia. No empieza y termina con la redacción de un enunciado de la misión personal.

Se trata más bien de un proceso que consiste en mantener en mente la visión y los valores propios y en organizar la vida para que sea congruente con las cosas más importantes».

Stephen Covey

Nada más terminar la universidad, tal y como te he contado en la introducción, monté mi clínica, que un poco más tarde se convirtió en dos clínicas odontológicas.

Era muy joven, treinta años, y me iba todo de maravilla: tenía dentistas que trabajaban para mí, técnicos dentales a mi disposición, cuatro asistentas, una casa, un coche...

Cualquiera en mi situación se hubiese quedado en esa zona de confort, viviendo la vida hasta la pensión, pero yo no; yo sabía que había algo más para mí, así que un buen día, sin más, decidí dejarlo todo.

Esto, que te puede parecer una locura, no era nuevo para mí porque esta búsqueda continua ya la había vivido cuando emigré desde la provincia de Huaraz a Lima, la capital de Perú. Con tan sólo diecisiete años dejé la comodidad de mi hogar porque quería estudiar y sabía que aquella provincia no me podía dar lo que yo necesitaba en aquel momento.

De nuevo lo había hecho, había abandonado mi zona de confort porque sabía que había algo más. Así fue como aterricé en Italia para comenzar de cero de nuevo.

Logré hacerlo otra vez y, contra viento y marea, monté dos clínicas odontológicas en Italia a pesar de ser un inmigrante, desafiando lo que todos me decían en aquel momento, tal y como te he contado anteriormente.

¿Me podía haber quedado en esa zona de confort?

Sí.

¿Lo hice?

No.

De hecho, estás leyendo este libro porque he vuelto a salir de mi zona de confort de nuevo, ya que en estos últimos años me he dado cuenta de que tengo una misión en la vida.

«Ninguna dificultad puede abatir a aquellos que tienen una fe y una misión».

Mahatma Gandhi

¿Cuál es mi misión?

Me he pasado toda la vida trabajando como profesional y disfrutando de un bienestar económico y social envidiables, pero yo sabía que tenía algo que dar, que tenía una misión que cumplir y no es otra que enseñar al mundo cómo obtener lo que yo he conseguido empezando prácticamente desde cero no en una sino en varias ocasiones.

Sí, mi misión es cambiar la vida de muchas personas y entre ellas estás tú, que ahora mismo me estás leyendo.

Así es: este libro es para eso, para ayudarte a cambiar tu vida de una vez por todas, gracias a aplicar todo cuanto te voy a revelar en este libro.

¿Por qué estoy tan seguro de esto? Porque no me he guardado nada para mí. Estoy entregándote todo lo que he hecho para lograrlo una y otra vez, ya que es muy importante para mí que tú también lo logres.

El único objetivo que he perseguido con este libro es cumplir mi misión de cambiar muchas vidas haciendo que las personas abran los ojos, que abran sus alas de águila y comiencen a volar lo más alto posible.

Tú, al leer este libro, ya estás comenzando a hacerlo porque, aunque te han hecho creer que no puedes, quiero que te grabes a fuego en tu mente que todo es posible.

Todos nacemos con una misión de vida que cumplir; sin embargo, la mayoría de las personas pasan su vida sin saber cuál es su misión, sin saber a qué vinieron. Esta pregunta sin respuesta es lo que hace que vivas una vida de frustración continua.

Pero, ¿qué puedes hacer para cumplir tu misión?

Verás: todos tenemos un don, un talento con el que nacemos y lo podemos desarrollar. Pues bien, desarrollar ese don, ese talento, es lo que te va a llevar a ser feliz y sacar todo tu potencial... en definitiva, a ser tu mejor versión.

Tu misión no va solamente de ti sino de todos. Es por eso por lo que las bases de tu misión te hacen vivir con una mentalidad rica y una vida emocionalmente plena.

Todos los millonarios tienen clara su misión

Si te das cuenta, todos pusieron el foco en lo que son buenos, en sus dones y talentos, y esto no es casualidad.

Por eso, el primer paso para llegar donde ellos están ahora es cumplir con el primer código: que sepas cuál es tu misión, y eso pasa por saber cuál es tu talento, cuál es tu don, así que encuéntralo porque todos lo tenemos dentro.

¡Pero cuidado!

En tu entorno viven muchas personas cercanas a ti: tus hermanos, tus padres, tu esposo, tu esposa... personas que, cuando quieras desarrollar tu don, te van a decir que no lo hagas. No es porque sean malos o envidiosos, simplemente lo harán por protegerte, porque ellos, en su cabeza, todavía siguen los esquemas que tienen instalados y piensan que, si te sales del esquema, de la manada de carneros, te vas a hacer daño.

No los culpes. Lo hacen porque durante mucho tiempo nos han manipulado la mente para que tengamos miedo de salir de esa manada y pensemos que, si lo hacemos, nos va a ir mal y nos van a hacer daño.

Sé que te suena esto que te acabo de contar, ¿verdad?

Pero también sé que quieres salir de la manada de una vez por todas porque te has dado cuenta de que hay otra forma de ver las cosas; si no, no estarías aquí y ahora.

Por eso es mi deber advertirte de que, en este proceso de cambio que acabas de comenzar, te vas a encontrar con muchas personas que te van a decir que no lo hagas. Por lo tanto, debes prepararte para nadar a contracorriente porque el 95% de las personas todavía están dentro del sistema y ni salen ni quieren salir.

Antes de seguir con tu proceso de cambio, quiero hacer dos cosas:

Una, felicitarte porque si estás leyendo este libro es porque estás dentro del grupo del 5% que tiene esa mentalidad de cambiar, de buscar algo nuevo y diferente, y eso es iniciar por buen camino.

Y la segunda cosa que quiero hacer es regalarte algo muy valioso. Te voy a mostrar cómo puedes descubrir tu don, tu talento, de una manera muy sencilla.

Así que, antes de seguir con la lectura, coge un cuaderno y un lápiz y tenlo a tu lado durante todo el tiempo que te lleven estas páginas ya que no es un libro más en el que yo te cuento cosas y tú las lees y luego decides si las aplicas o no; es un libro interactivo.

A este cuaderno lo vamos a llamar tu cuaderno de bitácora y te va a servir para que cada código tenga sentido para ti y para potenciar su efecto para avanzar más rápido.

¿Cómo?

Has en él anotaciones que creas relevantes y los ejercicios que te iré dando a lo largo de la lectura.

Créeme: a la hora de aplicar en tu vida cada uno de los códigos que te entrego en este libro, consultar todas tus anotaciones y resultados de los ejercicios te van a resultar de mucha ayuda.

Ejercicio: descubre tu talento

Para descubrir cuál es tu talento, cuál es tu misión, cuál es tu don, escribe en tu cuaderno de bitácora cuál es ese don, ese talento, que tienes desde niño.

Si por una de aquellas te está viniendo a la mente esa duda de «¿talento, yo? No creo...», tan sólo déjame decirte que el ser humano es genial y todos servimos para algo, que todo el mundo tiene un talento personal único. Por eso, nunca encontrarás a alguien que sea igual que tú, porque ¡eres único!

Tienes que descubrir cuál es tu unicidad y no hacer lo que todo el mundo hace porque todos y cada uno de nosotros tenemos algo que enseñar al mundo y tú no eres la excepción. ¡Tú eres único y original!

Así que abre tu cuaderno, agarra tu lápiz y piensa...

Quizá te gustaba pintar, bailar, recitar, los trabajos manuales, cocinar, contar chistes, escribir, hablar en público o quizá te gustaba maquillar o cortar el cabello y te dijeron que no, destruyeron tu talento con un simple: «¡no hagas eso!».

La historia de la humanidad está plagada de dones destruidos en las casas o en los colegios, y te aseguro que tú también los tienes.

Insisto: deja la lectura por un momento, ve a tu cuaderno de bitácora y escribe cuál es tu don, tu talento; yo sé que tienes uno o incluso varios.

Tómate tu tiempo y no te preocupes por mí; estaré aquí esperando a que termines para mostrarte cuál es el segundo código de las mentes millonarias, uno que te hará avanzar en ese proceso de cambio que ya has comenzado.

Pero ahora toca trabajar en tu cuaderno.

Nos vemos en un ratito...

«La gente que sobresale tiene algo en común:

un absoluto sentido de misión».

Zig Ziglar

CÓDIGO 2

ACTÚA

«El éxito está conectado con la acción. La gente exitosa se mantiene en movimiento y comete errores, pero nunca se da por vencida».

Conrad Hilton

¿Ya conoces cuál es tu don o talento especial?

¡Perfecto!

Ahora ya has sentado las bases para ir construyendo código a código tu mente millonaria, así que vamos a por el segundo código, el que te va a enseñar cómo actuar tal y como lo hacen los millonarios a los que admiras.

Una mente millonaria actúa siempre, sin buscar muchas respuestas, sólo tomando acción.

En mi caso así fue cuando decidí emigrar de Lima a Italia, dejándolo todo y empezando de cero, a pesar de que estaba muy bien económica y socialmente y tenía una vida muy tranquila, porque sabía que había algo más para mí, que podía dar más.

Dejé todo y partí sin hacer caso a todas las personas de mi alrededor, familia, amigos, colegas y personas ordinarias que me decían: «¡Estás loco! ¿Cómo puedes dejarlo todo para irte a un lugar donde no conoces a nadie y comenzar de cero?».

Como ves, esas personas de las que te hablaba en el código anterior no sólo se te van a aparecer a ti; yo también me las crucé y me las sigo cruzando en mi camino, es algo que está en el guion de todos y cada uno de los millonarios que conozcas, te lo aseguro.

Sin embargo, ante estas personas y sus «recomendaciones» basadas en el miedo a salir de la manada, mi respuesta siempre ha sido hasta ahora: «No sé cómo lo voy a hacer pero sé que lo voy a lograr».

Así lo he hecho y lo sigo haciendo: actúo y punto porque sé que lo voy a lograr.

¿Qué hago para estar tan seguro?

Saber en todo momento dónde estoy y adónde quiero llegar y, para pasar de ese punto A al punto B, actúo teniendo muy claro lo más importante, mi objetivo.

No me interesa saber cómo voy a hacerlo ni qué cosas tengo que hacer; actúo sin pensar mucho en los números, sin pensar mucho en los problemas y las dificultades que se van a presentar y punto.

Eso sí: actúo teniendo claro que se me van a presentar bastantes problemas, dificultades y adversidades de todo tipo, ¡por supuesto que van a aparecer en mi camino! Pero aun así actúo porque sé que es la mejor manera de superarlas.

Déjame contarte algo que te va a dar más claridad al respecto.

Cuando llevaba un tiempo en Italia, estudié en la universidad durante un año para lograr que me convalidaran el título y, una vez que lo conseguí, comencé a buscar en Internet alguna formación sobre implantología porque siempre había sido mi sueño ser cirujano implantólogo. Buscando encontré la publicidad del máster internacional de segundo nivel en

Implantología y mi reacción fue: *«¡Wow!* ¡Qué hermoso! Es justo lo que buscaba», así que entré a su página web para saber más y el precio de este máster era de treinta mil euros a pagar en dos años.

¿Sabes qué hice?

Me inscribí a pesar de que no tenía el dinero. En cuanto me titulé en Italia, comencé a trabajar como dentista y ganaba para cubrir los gastos necesarios, pero no tenía dinero para pagar el máster.

¡Aun así, me inscribí!

Como te podrás imaginar, mi esposa me preguntó: «José, ¿qué estás haciendo? ¿Cómo vas a pagarlo?».

¿Sabes cuál fue mi respuesta?

«No sé cómo, pero se va a pagar solo».

Ya te lo he dicho: cuando quiero lograr algo, simplemente actúo y punto porque tengo la total y absoluta seguridad de que, cuando hago las cosas, el universo se alinea para dármelas.

Así fue. Hice el máster.

Durante los primeros meses aprendí cómo se colocaban los implantes y, gracias a que ya tenía mucha experiencia en la odontología, al sexto o séptimo mes comencé a ofrecer ese servicio de implantología a los pacientes de la clínica que había montado con quien había sido mi jefe el año anterior.

Cada vez fui colocando más y más implantes y así logré que el máster se pagara solo.

¿Te das cuenta?

Si yo no hubiese actuado, si hubiese tenido miedo, si me hubiese puesto a pensar en cómo iba a pagar el máster, en los problemas, en las deudas, no lo hubiese hecho y no hubiese tenido el éxito que ahora mismo tengo.

Gracias a ese máster tuve un éxito increíble, gracias a ese máster he facturado mucho, gracias a ese máster tengo dinero y fama, gracias a ese máster me contrataron como orador en una multinacional de implantes...

Si yo no hubiese actuado, si me hubiera quedado razonando sobre cómo obtenía el dinero, en cómo lo iba a pagar, etc., no habría logrado nada de esto.

Por lo tanto, para llevar a cabo el código 2 y sacarle todo el partido, actúa y punto. No dejes que nada ni nadie te frene. No dejes que te frene el dinero porque no es cuestión de dinero sino de mentalidad.

Las personas ordinarias son perfeccionistas, se detienen para analizar las cosas, lo quieren todo perfecto, que cuadren los números, que cuadren las fórmulas, que cuadre todo, y, si no, no actúan.

Al respecto de esto, hay un dicho: **«El que analiza, se paraliza».**

No dejes que sea así en tu caso. Actúa y punto.

No dejes que el perfeccionismo te haga procrastinar y postergar tus sueños.

No seas como las personas ordinarias, no te pases el tiempo buscando razones y excusas para no actuar.

Aléjate de las personas que viven en el mundo ordinario porque ya sabes que actuar como ellos corta las alas a las águilas que quieren volar, que buscan la perfección para actuar y quieren tenerlo todo en orden antes de mover un dedo.

¡No!

Si deseas lograr algo, actúa y punto.

No te preocupes de nada más porque el resto se resolverá solo a lo largo del camino. Ya sabes que el mundo extraordinario juega con otras variables, el mundo extraordinario se basa en acción, acción y punto.

Si quieres ser rico, si quieres ser una persona extraordinaria, si quieres jugar en otro nivel, no puedes darte el lujo de tener otros planes, no puedes darte el lujo de decir: «Voy a esperar a tener dinero para hacerlo» o «Voy a esperar a tener este título para hacerlo».

¡No!

¡Actúa y punto!

Conozco a muchas personas que comenzaron la universidad buscando la perfección para hacer las cosas, más tarde terminaron la universidad buscando la perfección para hacer las cosas y, hoy en día, siguen buscando la perfección para hacer las cosas.

Ya sabes los resultados, ¿verdad?

Así es: no han logrado nada de lo que desean porque, en este mundo ordinario, la perfección no existe, es una ilusión.

El mundo extraordinario está hecho para gente millonaria y llena de mentes millonarias que actúan y, si quieres formar parte de este mundo extraordinario, lo primero que has de hacer es dar el primer paso y actuar con la plena convicción de que el resto lo resolverás en el camino.

Te puedo asegurar que, si lo haces así, si das el primer paso a la acción y estás totalmente enfocado en tu meta, en esa meta que quieres lograr, la solución la vas a encontrar en el camino.

Ten por seguro siempre que si actúas encontrarás la solución, lo importante es que nadie te detenga para cumplir tus sueños, así que no analices mucho y muévete porque, si no te mueves, mueres.

El agua que no circula se pudre, así que no permitas que el factor dinero, el factor tiempo o el factor edad sean la excusa.

Muchos dicen: «Es que estoy muy viejo», «Es que soy muy joven y no tengo experiencia», «Es que soy mujer» y demás excusas como estas... pero no, este no es tu caso.

No dejes que nada ni nadie te detenga.

¡Si quieres ser rico, ser millonario, actúa y punto!

«La acción más pequeña es mejor que la intención más grande».

CÓDIGO 3

LA BÚSQUEDA
CONTINUA

«El crecimiento personal es un gran ahorro de tiempo: cuanto mejor te vuelves, menos tiempo te lleva alcanzar tus objetivos».

Brian Tracy

¿Qué es la búsqueda continua?

La búsqueda continua no es, ni más ni menos, que el factor clave que marca la diferencia entre las personas ordinarias y las personas extraordinarias.

Me explico...

Las personas ordinarias llegan a un punto de su vida en el que se sienten cómodas con lo que han obtenido y deciden disfrutar tranquilas en su zona de confort, sin buscar más, quedándose ahí, estáticas.

En cambio, las personas extraordinarias, las personas con mentalidad millonaria, siempre están en una búsqueda continua de nuevas oportunidades, de crecer a nivel financiero, de crecer como personas, de una nueva espiritualidad, de nuevos amigos, nuevos socios, nuevos negocios...

Esto es lo que las hace ser diferentes de las personas ordinarias: la búsqueda continua.

Es lo que te va a hacer ser diferente a ti también.

Salir de tu zona de confort te va a hacer diferente porque, una vez lo hagas, siempre encontrarás un nuevo nivel al cual llegar.

Ojo: con esto no te estoy diciendo que vivas con el ansia de estar siempre buscando.

No.

Lo que tienes que hacer es concentrarte en un objetivo claro y concreto e ir hacia él y, una vez que hayas logrado tu objetivo, una vez que hayas logrado tus metas, lo goces porque es justo que goces y celebres lo que has obtenido en tu búsqueda.

Cuando abandones tu zona de confort y comiences la búsqueda, llegarás a un terreno completamente desconocido para ti. No obstante, una vez que ese terreno sea tuyo, una vez que ese terreno comience a convertirse en un campo que conozcas como la palma de tu mano, será el momento de comenzar una nueva búsqueda, el momento de marcarte de nuevo un objetivo y empezar a avanzar hacia él hasta que lo logres.

Sólo así podrás alcanzar un nivel superior e ir creciendo con cada búsqueda que hagas. Recuerda que siempre hay un nivel superior en todo: en las finanzas, en el crecimiento personal, en el crecimiento espiritual, en tu aspecto físico...

Deja de ser un zombi

Cuando te hablo de búsqueda continua, no sólo me refiero al aspecto económico sino a la búsqueda continua de crecer como figura paterna, como esposo o esposa, como amigo o amiga...

Estarás de acuerdo conmigo cuando te digo que, al vivir en un mundo casi robotizado, muchas veces haces las cosas por inercia, como los zombis, sin darte cuenta de qué estás haciendo, ¿verdad?

En cambio, si estás siempre en un estado de búsqueda continua, vas a sentirte más vivo y más activo y la actividad te hará diferente al resto.

La búsqueda continua es igual a crecimiento, es lo que a mí me hizo llegar al lugar donde estoy ahora mismo y es la que me llevó a iniciar mi misión de vida, esa que ha cruzado nuestros caminos para permitirme ayudarte a lograr el éxito que buscas.

¿Me podría haber quedado en mi zona de confort después de veinte años trabajando como dentista, con un ingreso económico y un estatus social muy buenos?

Sí, pero no lo hice porque sabía que había algo diferente, que con la búsqueda iba a encontrar algo diferente.

Es lo que encontré.

Salí completamente de mi zona de confort y comencé a buscar otras cosas y a prepararme en cosas distintas que nunca había hecho porque, si quería tener resultados diferentes, tenía que hacer cosas que nunca había hecho hasta ese momento.

Por lo tanto, empecé a frecuentar a otros amigos, otros cursos y otros tipos de lectura y a cambiar completamente porque estaba buscando algo nuevo: un nivel superior en mi vida.

Tú no eres diferente a mí porque, si estás leyendo este libro, también estás buscando algo diferente y también formas parte de ese grupo muy pequeño de la población que busca crecer.

Si estás aquí y ahora, compartiendo este tiempo conmigo, es porque estás buscando algo que te haga cambiar, porque estás buscando algo que la masa no busca y esto te hace ser una persona diferente.

Por eso, déjame felicitarte por ello. Te invito a que hagas de este tercer código de las mentes millonarias, de este código de la búsqueda continua, un hábito que lleves a cabo todos y cada uno de los días de tu nueva vida.

«Cuando buscas crecer, te encuentras con dos tipos de personas: personas extraordinarias que te hacen críticas constructivas y personas ordinarias que te hacen críticas destructivas».

José Ramírez Lazo

CÓDIGO 4

ROMPE EL *STATU QUO*

«Mejor morir luchando por tu libertad que ser un prisionero todos los días de tu vida».

Bob Marley

No sé si te has dado cuenta, pero cada código que te estoy revelando está directamente conectado con el anterior.

Es decir: una vez que detectaste tu don, tu talento especial, gracias al primer código, ¿qué fue lo siguiente?

Exacto: determinar el objetivo a lograr para subir al siguiente nivel de tu vida, ese que te lleve a disfrutar de ese don que nada más tú posees.

Y, una vez que te has puesto en marcha, ¿qué viene después?

Eso es: celebrar cada logro del objetivo marcado y, cuando domines el terreno del nuevo nivel alcanzado, ponerte en marcha de nuevo en la búsqueda de lograr el siguiente objetivo que te haga subir de nivel nuevamente.

Si estás aplicando todo lo aprendido hasta ahora, estoy seguro de que ya habrás comenzado a notar cambios positivos en tu vida.

La buena noticia es que esto es sólo el principio porque ¡todavía te quedan diez códigos más por aplicar!

¡Imagina cómo vas a transformar tu vida cuando apliques todos los códigos!

Pero ya está bien de cháchara. Vamos con el cuarto de los códigos de las mentes millonarias...

A estas alturas del libro, imagino que sabes perfectamente que ya no te sirve seguir los viejos paradigmas que te han hecho llegar donde estás ahora, ¿verdad?

Sí, me refiero a esos paradigmas viejos y obsoletos que, como te puedes dar cuenta, no te han llevado ni te llevarán nunca a tener esa plenitud que quieres lograr.

Por lo tanto, lo que debes hacer desde hoy mismo es romper con esos viejos paradigmas que continuamente te han estado haciendo creer que debías seguir el sistema porque vivir fuera de él es peligroso.

Mi recomendación aquí es que no tengas miedo a hacerlo a pesar de lo que te digan los demás, simplemente actúa y punto.

¡Rompe con ellos de una vez!

Actúa con la certeza de que lo que escuches de boca de quienes te rodean es totalmente falso, que ellos están bajo la influencia de un sistema que lo único que busca, y es para lo que está diseñado, es convertirnos en esclavos modernos, en zombis.

No quieren que pienses por ti mismo, por eso filtran constantemente, a través de los medios de información, solamente noticias negativas de todo tipo de desastres, atentados, violaciones, delincuencia, guerras, etc., con las que lo único que buscan es generar pánico generalizado y alarma social por medio de la repetición.

La manipulación del *status quo*

Si hay algo que el *statu quo* sabe hacer perfectamente es manipular nuestro cerebro, que, como es sabido, aprende de dos modos: por repetición y por emoción.

Entonces, si a nosotros nos están repitiendo todos los días y a todas horas la misma información, ya sea por radio, por televisión, por los periódicos, por Internet o por el medio que sea, ¿qué sucede con esta información continua y repetitiva?

Que queda anclada en nuestro cerebro porque, a nivel neuronal, tenemos unas dendritas que se unen por repetición, una de las formas mediante las que el cerebro capta, aprende y almacena la información.

Pero, ¿qué hay de la otra forma de aprendizaje del cerebro, mediante la emoción?

Mediante esta forma de anclaje de las neuronas, las dendritas son mucho más fuertes; es decir, si tienes una emoción fortísima, se quedará grabada en tu cerebro, en tu subconsciente, para siempre.

Por eso, el sistema nos manda continuamente información negativa a través de los medios de comunicación —radio, televisión, periódicos, etc.—, porque sabe perfectamente que esta información provoca una emoción a nivel cerebral, ya sea de miedo o de desesperación, que queda anclada en tu subconsciente.

Por ejemplo: si ves, escuchas o lees todos los días que hay crisis, que la economía está mal, que no hay dinero, que invertir es peligroso o que la bolsa de valores ha caído, ¿qué sucede en tu cerebro?

Que esa información va a quedar anclada en tu subconsciente y, cuando tengas oportunidad de invertir o quieras hacer una cosa diferente a lo que has aprendido, saldrá esta información que te ha quedado en el subconsciente y, por lo tanto, tendrás miedo a invertir, a hacer cosas nuevas, y este miedo hará que ni tan siquiera lo intentes.

¡Todo por una información que te dieron mediante repetición o emoción!

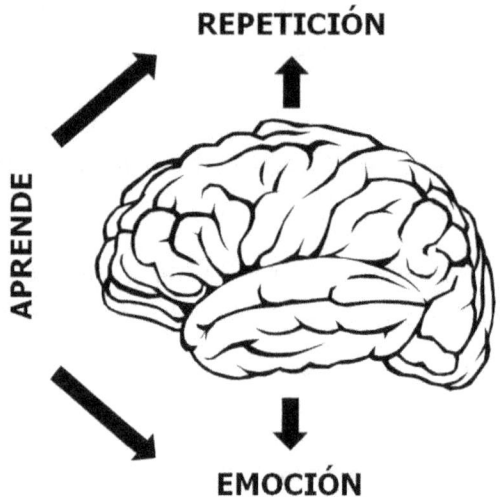

Las cuatro fuentes de instalación de los programas mentales

Los programas mentales son instalados principalmente por cuatro fuentes:

1. La cultura

¿Qué información generan los programas mentales culturales?

Todo lo referente a la cultura de donde vives o donde has crecido.

En mi caso, ahora que vivo en Europa, veo que la información cultural que se filtra a los niños es completamente diferente a la información que recibí cuando era niño.

¿Por qué?

Porque la cultura que yo recibí era una cultura que venía más filtrada.

Por ejemplo: la religión tiene un peso muy importante en la cultura sudamericana; por lo tanto, la información que viene filtrada a nuestro cerebro desde que somos pequeñitos afecta a cosas como las formas de comer, cómo vestirse, cómo comportarse, cómo peinarse, cómo saludar, cómo bajar la cabeza ante otras personas y tantas otras cosas de este tipo.

El problema de todo esto es que, como nos filtran esta información desde pequeños, no nos planteamos discutirla sino que asumimos que es así y punto.

Por eso este cuarto código se llama «rompe el *statu quo*», porque debes romper estos paradigmas si quieres llegar a un nivel superior ya que son paradigmas e informaciones que no son tuyas, que te las han filtrado en tu cerebro hasta el punto de que ni tan siquiera tu manera de comportarte es tuya sino la que te ha impuesto el sistema.

2. Los medios de comunicación

Antes ya te he hablado de cómo influyen negativamente en tu cerebro para que no te salgas del sistema, pero ¿cómo afectan a tu mente los medios de comunicación?

Fácil: todo lo que ves, escuchas y lees a diario en los diversos medios de comunicación hace que tomes las decisiones que ellos quieren que tomes acerca de qué debes consumir, qué debes comprar, cómo te debes vestir, qué televisión debes tener, etc.

Al final, su único objetivo es que tomes y asumas toda esta información que entra en tu cerebro como normal y el 95% lo hace sin dudarlo ni un instante y sin darse cuenta tan siquiera.

¿Por qué?

Porque la recibe todos los días mediante la repetición.

3. Tu entorno

Otra fuente de programación es tu entorno; es decir, grabas en tu subconsciente sin dudarlo ni un instante toda la información recibida desde niño por parte de tus padres, tu iglesia, la escuela, tus amigos y todo lo que has escuchado en tu casa.

A lo largo de tu vida has creído y crecido dando por hecho que es cierta toda esa información, aunque ya te digo que, como mínimo en un 90%, está equivocada y se trata de información para manipular a las masas, información para manipular tu cerebro.

4. Tú mismo

Sí, la cuarta fuente de programación mental proviene de ti mismo; es decir, se trata de información que te has ido metiendo tú y que has captado de las tres fuentes anteriores: cultura, medios de comunicación y tu entorno.

¿Qué cosas nos contamos a nosotros mismos?

«No soy bueno...»

«Soy malo...»

«Soy tonto...»

«No soy capaz...»

«No es para mí...»

«No soy inteligente...»

«Nunca seré rico...»

«Si me equivoco, ¿qué dirán de mí?...»

«Yo valgo poco...»

«No estoy a la altura de ese proyecto...»

Etc.

¿Te suenan?

Pues lo peor es que todo esto que te dices, te lo crees, así que ya te puedes imaginar qué resultado vas a obtener si lo que quieres es tener éxito en la vida o éxito económico y te dices a ti mismo que no puedes, que no eres capaz, que no eres inteligente... ¿verdad?

DE LOS OTROS   **CULTURA**

TUYOS   **MASS MEDIA**

Para obtener resultados diferentes, esos que estás deseando alcanzar, lo que debes cambiar primero es lo que te estás contando a ti mismo, esa vocecita que escuchas en tu interior.

Es decir, para tener éxito debes romper tus viejos paradigmas.

Hablando de riqueza, el lugar donde vives es clave a la hora de la programación que recibes.

Me explico: la información que proviene de la cultura latina en general es muy dañina a la hora de prosperar económicamente.

¿Por qué?

Porque en la cultura latina es casi un tabú hablar de dinero, peor aún de riqueza; es más: si hablas de dinero te miran mal porque culturalmente es casi dañino, está prohibido.

Sin embargo, en los países anglosajones, hablar de dinero es algo normal.

Si en un país latino preguntas a alguien cuánto gana, te miran extraño, como si fueses un bicho raro, porque eso no se toca, de eso no se habla.

Imagina cómo está tu subconsciente si has recibido constante información en tu casa acerca de que los ricos son malos, que son delincuentes, que los ricos nunca llegan al cielo, que los ricos se aprovechan de los pobres, que el dinero es el desecho del diablo, etc.

Toda esta información ha quedado en tu subconsciente y por eso, cuando quieres hacer algo diferente con respecto al dinero, esa información te va a sabotear, te va a bloquear, porque es información negativa con respecto al dinero.

Pongamos un ejemplo sobre esto:

Imagina que en un país sudamericano, un padre está con su hijo y, al pasar un coche deportivo, un coche de lujo, lo primero que dice el padre es: «Mira qué coche tiene ese rico maldito. ¿Qué negocios hará? Seguramente es narcotraficante».

¿Sabes qué pasará con esa información que acaba de lanzar el padre?

Que entrará en la cabeza del niño y, cuando sea adulto y quiera tener éxito o quiera tener dinero, esa información saldrá y en su cabeza escuchará esa vocecita que le dirá: «No lo hagas porque riqueza es igual a delincuencia, a narcotráfico, a la mala vida».

Lamentablemente esa información la tienes dentro y, si no la cuestionas, si no eres consciente de ello, no la podrás eliminar.

Por lo tanto, para eliminarla y para romper el *statu quo*, lo primero que tienes que hacer es ser consciente de que tienes estos programas mentales filtrados y cuáles son para, una vez que los reconozcas, eliminarlos y reemplazarlos por programas nuevos, por información nueva.

En mi caso, cuando yo era pequeño, siempre era un niño ambicioso, un niño que quería siempre más, ¿y sabes qué me decía mi madre?

Mi madre me decía: «Hijo mío, eres muy ambicioso, pero, ¿sabes? Para tener dinero tienes que trabajar duro, tienes que trabajar como un mulo, como una bestia; si no, no vas a poder tener dinero».

Esa información ha estado dentro de mí hasta hace unos años y por eso yo tenía que trabajar duro para tener dinero. De hecho, hasta hace seis años trabajaba mucho en mi clínica de lunes a sábado de ocho de la mañana a ocho de la noche, incluso algunos domingos cuando mi agenda estaba tan llena que no era suficiente con trabajar de lunes a sábado

¿Y sabes qué sucedió cuando empecé a delegar?

¿Sabes qué pasó cuando empecé a tener ingresos automáticos, cuando empecé a trabajar menos y a ganar dinero?

Que me sentía mal y los primeros años entré en pánico.

¿Por qué?

Porque dentro de mi subconsciente había algo que me decía que tenía que trabajar duro, que, si no, no podría tener dinero, y esto me hacía sentir que estaba aprovechándome del resto.

¡Todo porque la información que tenía era esa!

He tenido que trabajar mucho para eliminar ese programa y poder estar tranquilo.

Para ello, lo primero que tuve que hacer fue reconocer ese programa que ha estado metido dentro de mí durante tanto tiempo y luego trabajar en eliminarlo para poder meter en su lugar información diferente.

Yo tenía un programa que ha estado metido en mi cabeza durante muchísimo tiempo, como seguramente en la cabeza de muchas personas, incluso puede que en la tuya. Ese programa es que, si quieres tener dinero, tienes que estudiar mucho.

Ojo, con esto no estoy diciendo que estudiar sea malo, todo lo contrario, estudiar es muy bueno, pero, según lo que estudies, puede ser bueno o malo para ti, dependiendo de las expectativas que tengas.

Ya te digo que si estudias una profesión cualquiera, abogado, medicina, derecho, arquitectura, lo que sea, y solamente tienes esa profesión, tal y como está el panorama actual, te aseguro que con eso no vas a tener éxito porque, si eres un buen estudiante, puede que tengas éxito profesional, pero no tendrás ni éxito económico ni libertad personal.

Hay otra información que le debes meter a tu cabeza si quieres comenzar a jugar el juego del dinero, una que el *statu quo* no te ha hecho saber, que nunca te han enseñado, una información de la que nunca te han hablado...

La educación financiera.

La población vive en la mediocridad porque carece de educación financiera, así que, a no ser que provengas de una familia rica, seguramente no sabes cómo se juega al juego del dinero.

Si realmente deseas tu libertad, tienes que educarte a nivel financiero.

Nunca jamás te han hablado de libertad personal, por lo tanto, se trata de una información que tienes que buscar y estudiar, pero primero debes saber y entender qué cosas te han filtrado.

Yo me he pasado más de veinte años de mi vida estudiando. Me titulé en Perú y luego en Italia, donde también hice dos másteres porque la información que tenía era que, si quería tener dinero, si quería tener éxito, tenía que estudiar duro; por lo tanto, eso es lo que hice.

No me puedo quejar. Tuve éxito sí, pero era un éxito solamente a nivel económico; no tenía éxito a nivel personal, no tenía éxito a nivel familiar e incluso había perdido lo más valioso que puede tener un ser humano: la libertad.

¿Por qué?

Porque era información que me habían filtrado en la cabeza y de la que no había dudado nunca.

A ti te pasa lo mismo, te lo aseguro.

Por eso, en este código te hablo de romper el *statu quo*, los paradigmas y programas mentales que te han filtrado en la cabeza. Una vez que tú también logres romper con ellos, tu mente estará dispuesta para recibir otra información, la información que te permitirá avanzar hacia el logro de convertir tu mente en una mente millonaria.

Te aseguro que, con el simple hecho de estar leyendo este libro, ya estás un paso por delante del resto de las personas porque estás buscando información nueva y ahora sabes que lo que eres actualmente se debe a esa información que te han metido.

Pero esto no es exclusividad tuya. Cada uno de nosotros somos el resultado de la información que hemos recibido, ya sea bueno o malo.

Por lo tanto, ha llegado el momento de que te cuestiones toda esta información.

Ha llegado el momento de que rompas tus viejos esquemas.

Ha llegado el momento de ser tú mismo y sacar lo mejor que hay en ti.

Eso es algo que solo puedes hacer rompiendo tus viejos esquemas mentales e instalando unos nuevos.

Por el momento, lo primero que debes hacer es detectar cuáles son los que tienes que cambiar, así que te invito a que pares de leer por unos minutos y te tomes tu tiempo para pensar en ello.

Por ejemplo, a mí me filtraron esquemas mentales como:

«Los ricos son malos».

«El dinero no crece en los árboles».

«Para hacer dinero se necesita dinero».

«El dinero no hace la felicidad».

«Mejor pobre feliz que rico infeliz».

«El dinero no es importante».

«Tanto dinero corrompe a la gente».

Anota en tu cuaderno de bitácora los que te surjan de inmediato y pienses que debes cambiar sí o sí y vuelve aquí.

No te preocupes por si lo estás haciendo correctamente o no, más adelante te explicaré cómo detectar correctamente tus esquemas mentales erróneos e instaurar la nueva información que reemplace a estos y te ayude a pensar como lo hacen las verdaderas mentes millonarias.

Te dejo un ratito para que trabajes en la base sobre la cual trabajaremos más adelante y nos vemos en el siguiente código.

¡Manos a la obra...!

«La desobediencia es el real fundamento de la libertad.

Los obedientes han nacido para ser esclavos».

H. D. Thoreau

CÓDIGO 5

NIVEL CERO

«Únete a los que jamás dijeron: "Se acabó, aquí me detengo",
porque, así como al invierno le sigue la primavera, nada
termina. Después de alcanzar tu objetivo has de comenzar de
nuevo empleando, en todo momento lo que aprendiste en el
camino».

Paulo Coelho

¿Ya los tienes anotados?

¡Felicidades!

¡Acabas de dar un paso de gigante hacia tu nueva vida!

Sigamos con el siguiente código...

¿A qué me refiero cuando hablo de nivel cero?

A que, si quieres avanzar a un nivel superior, debes estar siempre dispuesto a comenzar de cero.

Las personas con mentalidad millonaria hacen esto constantemente porque saben que es un proceso constante de apertura de nuevas oportunidades.

Como ves, este código está estrechamente relacionado con el código de la búsqueda continua que ya estás llevando a cabo en tu vida, sólo que, aplicando el código nivel cero, vas a darle aún más potencia a tu avance.

Cuando apliques el nivel cero, no debes preocuparte por saber cómo será el camino para llegar, lo importante es que tengas claro dónde quieres llegar y que, en ese camino de crecimiento constante, muchas veces llegarás al nivel máximo, tu nivel diez, de esa etapa que estés recorriendo en ese momento, por lo que, si quieres seguir expandiendo tus horizontes, deberás estar dispuesto a recomenzar desde cero.

Las personas ordinarias suelen tener miedo de comenzar de cero porque lo desconocido les provoca ansiedad, pero las personas con mentalidad millonaria están dispuestas constantemente a la búsqueda de nuevas motivaciones, de nuevos retos, de nuevas oportunidades, listas para los cambios constantes que se viven hoy en día.

¿Por qué lo hacen?

Como bien sabes, el mundo camina a velocidades vertiginosas, así que no puedes ni debes conformarte con lo que ya sabes. Como decía Charles Darwin: **«No sobreviven las especies más fuertes sino las que están dispuestas a los cambios».**

Un ejemplo de esto es el de la desaparición de colosos multinacionales como:

Blockbuster

Nacida en 1985, dominó durante casi veinte años el mundo de las películas hasta que, a principios de los 2000, Netflix le propuso una alianza estratégica que el CEO de Blockbuster, como ya había tocado el éxito y se creía imbatible, rechazó.

El resto es historia y actualmente es Netflix quien domina el mundo de las películas digitales.

Kodak

La conocida marca de cámaras fotográficas, rollos de películas y reveladoras, se mantuvo durante más de diez años en el número 1 en todo el mundo, pero, debido a su lenta adaptación a la tecnología, en 2012 el coloso de Kodak se fue a la bancarrota.

El mundo corre a velocidad vertiginosa y, si no te adaptas a la necesidad del mercado, eres devorado.

Eso es justo lo que le pasó a Kodak: se quería aferrar a lo que le dio muy buenos resultados en el pasado, pero las reglas de juego habían cambiado y lo analógico estaba destinado a ser reemplazado por lo digital.

Nokia

Si hablamos de telefonía, no puedo dejar de mencionar a Nokia, otra empresa que dominó el mercado mundial de la telefonía móvil durante catorce años y que, mientras disfrutaba su posición dominante, no se dio cuenta de que se aproximaba la revolución de los *smartphones* con sus pantallas táctiles.

¿Resultado?

Que esta nueva forma de usar el teléfono móvil, que hoy es imprescindible, aniquiló al gigante Nokia, que despertó cuando era demasiado tarde y cuando ya había llegado la competencia con Samsung y iPhone.

Así podría seguir contándote miles de historias como estas, de empresas que no se adaptaron al cambio y terminaron por desaparecer.

¡Pero ojo!

Esto no les sucede solamente a los grandes colosos. También hay muchos trabajos que están desapareciendo gracias a la tecnología como los cajeros de los bancos —que poco a poco están siendo sustituidos por cajeros automáticos—, los agentes de turismo, los trabajadores de correos y de centralitas telefónicas... y lo mismo sucederá con muchas profesiones como los abogados, los contadores, los notarios, los técnicos dentales, etc.

Ahora que sabes esto, dime: ¿estás preparado para estos cambios?

Cuando decidí emigrar a Italia, lo hice completamente dispuesto a comenzar de cero porque ya había llegado a un nivel superior, a mi nivel diez, en Perú.

Ya había logrado lo que muchos jóvenes de mi edad desearían: tener dos clínicas, una linda casa, un buen coche, ganar mucho dinero y un estatus social envidiable, pero sabía que había un nivel superior y por eso estuve dispuesto a emigrar a un país desconocido y comenzar todo desde cero.

Llegué a Europa sin nada, pero sabía cuál era mi objetivo y cuál era mi meta y no me importaba el camino que tenía que recorrer, aunque tenía claro que era un camino difícil porque la meta a la que quería llegar era mucho mejor: un nivel superior al que había llegado.

Así fue como, con una determinación a prueba de bombas y después de años de estudio y de trabajo, logré llegar a ese nivel superior.

Por lo tanto, si hay algo que debes tener muy claro si quieres prosperar es que debes estar siempre dispuesto a comenzar desde cero.

Yo lo hago así constantemente y por eso tengo éxito en todo lo que me propongo.

De hecho, después de haber trabajado como dentista en mi clínica en Europa y después de haber tenido dos clínicas, me metí en el juego de comenzar de cero nuevamente porque sabía que había algo más, que había un nivel superior.

Puede que pienses: «Pero José Luis, si ya habías alcanzado el objetivo que querías, lograr el éxito profesional, ¿ahora qué estabas buscando?».

Pues buscaba tiempo libre.

Tenía dinero, tenía estatus, pero lo que no tenía era tiempo: por tanto, tuve que meterme en el juego de nuevo y comenzar de cero en el mundo de las finanzas, las inversiones y los negocios.

Comencé de cero, sin saber nada, ni cómo se constituía una sociedad, ni cómo se invertía en la bolsa de valores, ni cómo se participaba en una empresa como accionista, etc. No sabía nada porque no era mi mundo. Mi mundo era otro: era la biología, la anatomía, la cirugía, los implantes... pero tuve que cambiar para empezar a buscar otros horizontes, otras metas, y otras oportunidades.

Comencé a buscar y llegué a un punto en el que, después de mucho esfuerzo, sacrificio y trabajo para aprender cosas nuevas, tenía libertad.

No fue fácil, nada lo es ni nadie te regala nada, pero es un transcurso que debes estar dispuesto a tomar.

Y una vez más, después de haber llegado al punto deseado de obtener mi libertad, ahora estoy comenzando de cero de nuevo para adentrarme en el mundo de las formaciones o, mejor dicho, de las transformaciones.

¿Por qué?

Porque ahora ya he entendido que no es cuestión de dinero, tiempo o calidad de vida, sino de cumplir con mi misión, que es ayudar a las personas a hacer lo que yo he conseguido. De hecho, este libro es parte de mi misión para ayudarte.

Por eso me estoy metiendo de lleno en el mundo de la transformación escribiendo este libro, dando conferencias, organizando charlas, creando páginas y grupos de Facebook, canales de YouTube, etc. En definitiva, comenzando de cero porque nunca antes había hecho nada de esto.

Recuerdo que mi primer directo en Facebook para mí fue una tragedia porque me moría de miedo cuando iba a hablar ante la cámara, pero me dije: «no, tengo que comenzar de cero, tengo que empezar a aprender cosas nuevas», y así lo logré. Ahora los hago con mucha naturalidad.

Por eso, este es uno de los códigos más importantes que debes grabar en tu cabeza: no tener miedo de las nuevas oportunidades, no tener miedo al mundo desconocido, porque ahí donde tú quieres llegar es un mundo desconocido para ti.

Puede que actualmente hayas llegado a tu nivel diez, pero no te quedes ahí porque, si lo haces, no lograrás llegar aún más allá.

Por eso debes estar en constante movimiento, en constante búsqueda, y, si alguna vez te entran las dudas, recuerda todo lo que te he contado sobre mí.

Mi mundo era la ciencia, la biología, la anatomía, la cirugía, la implantología, etc., así que imagina lo que significó para mí el empezar a estudiar acerca del significado del dinero, de cómo vienen fabricados los dólares y los euros y entender cómo se mueve el mundo de la economía y meterme en el mundo de las criptomonedas, que, a pesar de que ya tiene diez años, aún hay mucha gente que no lo conoce.

Yo no dudé y me metí en el juego, comencé de cero dentro de este mundo como inversor y actualmente invierto en el mundo de las criptomonedas junto con unos socios con los que he creado un *mining*, una minería de criptomonedas.

¿Es un mundo completamente nuevo para mí?

Sí, pero yo estoy en constante búsqueda del nivel cero, porque sé que el nivel cero me llevará a un nivel superior al que estoy en este momento.

Así que mi consejo es que apliques el código «nivel cero» siempre y no tengas miedo de las cosas nuevas, no tengas miedo a los cambios, no tengas miedo a salir de tu zona de confort, porque la cosa más hermosa está más allá de donde has llegado.

Está más allá de donde estás en este momento.

«Un emprendedor es alguien que se tira a un abismo

y construye un avión en la caída».

CÓDIGO 6

EL FRACASO

«El fracaso es una oportunidad para empezar otra vez pero con más inteligencia».

Henry Ford

Todos los grandes millonarios han tenido muchos fracasos antes de obtener el éxito económico del que gozan actualmente.

Que no te engañen y no te engañes a ti mismo: las personas con mentalidad de pobreza te harán creer que, si fracasas, no podrás hacer realidad tus sueños, pero no tengas miedo a pasar por ese trance porque fracasar es parte del camino hacia tu éxito económico y **cada caída es un aprendizaje**. Lo importante es que tengas el valor de alzarte y seguir tu camino hacia el logro de tu libertad y tu éxito económico.

En nuestra cultura latina, el fracaso es penalizado, es la vergüenza para la sociedad, pero, como bien sabes, esto son solamente los paradigmas mentales que nos han instalado en nuestro cerebro acerca de que nunca debemos fracasar.

Desde los colegios nos castigan cuando nos equivocamos, nos dan malas calificaciones y nos etiquetan como malos estudiantes; por lo tanto, equivocarte es igual a fracasar. Es por eso que nos da miedo el fracaso, porque tenemos miedo a ser etiquetados como personas incapaces.

Los grandes de la historia han fracasado alguna vez en su vida o incluso lo han hecho muchas veces.

Tenemos ejemplos como:

Walt Disney

Para llegar a ser como lo conocemos ahora, Disney tuvo que pasar por muchos fracasos en su camino, hasta el punto de que fue considerado una persona con poca creatividad.

¡Uno de los genios más creativos del siglo XX!

Al perseguir su sueño, fundó su primera empresa de animación llamada Laugh-O-Gram Film y llegó a recaudar quince mil dólares para la empresa, pero tuvo que cerrar. Sin embargo, no cedió. Desesperado y sin dinero, Walt Disney encontró una forma de llegar a Hollywood y enfrentó la crítica hasta que por fin sus películas comenzaron hacerse populares.

Bill Gates

Bill Gates es uno de los hombres más ricos del mundo en la actualidad, pero no vayas a pensar que ganó su primera fortuna inmediatamente.

Entró a la escena emprendedora, junto con su socio Paul Allen, con una empresa llamada Traf-O-Data, la cual procesaba y analizaba los datos de determinadas cintas de grabación.

Trató de vender su idea, pero el producto apenas funcionaba y el proyecto fue un completo desastre.

Sin embargo, el fracaso hizo que Gates buscara otras oportunidades y unos años después creó su primer producto de Microsoft.

Lo demás ya es historia, ¿verdad?

Thomas Edison

Tuvo casi diez mil fracasos hasta llegar a inventar la bombilla.

Muchos lo etiquetaron como «una persona loca» y, cuando le hicieron la entrevista, le dijeron: «¿Cómo es posible que haya intentado más de diez mil veces encender una bombilla eléctrica y no se haya dado por vencido?».

Su respuesta fue: «Solamente he aprendido diez mil formas de cómo no se hace la bombilla».

Michael Jordan

Al principio de su carrera fue rechazado en su primer equipo, pero después de su primera frustración no se dio por vencido.

Él dice: «Cada vez que entrenaba me sentía cansado al punto de querer abandonar la carrera. Cerraba los ojos, los abría y leía que en la lista del vestuario no estaba mi nombre; eso hacía que me dieran más ganas de seguir entrenando».

»He fallado más de nueve mil tiros en mi carrera, he perdido casi trescientos partidos, he fallado una y otra vez a lo largo de mi vida, pero esa es la razón por la que tengo éxito».

El coronel David Sanders

Es el fundador de Kentucky Fried Chicken y tenía más de sesenta años cuando logró montar su primera franquicia de KFC, después de probar múltiples empleos y tener múltiples fracasos.

Hoy en día, KFC es una de las más grandes franquicias del mundo de la comida rápida.

Sylvester Stallone

Al cumplir sus setenta años dijo que su vida fue en un 4% éxito y un 96% fracaso.

Así, podemos hacer una lista interminable de personajes famosos como estos que, antes de tocar el éxito, han pasado muchos fracasos.

> «Sólo aquellos que se atreven a tener grandes fracasos
> Terminan consiguiendo grandes éxitos».

No tengas miedo a fracasar

Cuando intentas algo, tienes dos opciones: o ganas o aprendes, y sólo las personas que no intentan nada nunca fracasan; por lo tanto, no te des por vencido porque fracasar es parte del juego del éxito. Lo importante es que tengas el coraje de levantarte y seguir adelante por tus sueños.

Los fracasos no deben derrumbar tus sueños ni destruir lo que tienes en tu mente, donde quieres llegar. Los fracasos son parte de la vida y forman parte de tu carrera.

Hoy disfruto de éxito personal, profesional y de mi libertad económica, pero te puedo asegurar que, durante la búsqueda, he tenido muchos fracasos.

Por ejemplo, cuando empecé mi carrera de empresario, compré una franquicia española de lavandería sin tener la mentalidad emprendedora, porque hasta ese entonces yo solamente tenía la mentalidad de dentista, de autónomo.

¿Sabes qué pasó?

Que en menos de dos años se convirtió en un fracaso completo en el cual perdí más de trescientos mil euros. Fue una caída brutal.

Como te puedes imaginar, la gente más cercana a mí me masacró y comenzó a decirme que estaba loco, que por qué no me quedaba trabajando como dentista, que eso no era para mí, que yo no era empresario, etc.

Fue un golpe bajo, ¡horrible!

No obstante, tuve el coraje de levantarme y seguir adelante porque sabía qué estaba buscando y dónde quería ir, que el fracaso era parte del éxito y que, si quería hacer algo nuevo, tenía que pagar una factura muy alta.

No había tiempo para lamentos, así que seguí adelante y comencé nuevamente a trabajar, a juntar dinero, a ver otras oportunidades y a hacer cosas completamente diferentes.

Ese no ha sido mi único fracaso.

Al tiempo puse una empresa con otros socios en un mundo que no conocíamos ninguno, solamente fue una emoción nuestra, y adivina qué...

Así es: ¡fracasamos!

Yo he tenido muchos fracasos en el transcurso de mi crecimiento como empresario y como inversor.

He fracasado muchas veces y es normal porque, para tener éxito, primero tienes que conocer el campo, ensuciarte las manos, hacer cosas que nunca has hecho, estudiar cosas totalmente distintas a las que has estudiado y conocer a personas diferentes de las que has conocido hasta ese momento. Debes frecuentar sitios diferentes, leer libros diferentes, asistir a seminarios diferentes y buscar un mentor, un *coach*, porque eso es parte del éxito, buscar una persona que te ayude.

Cuando queremos dar un salto de calidad, cuando queremos pasar al nivel superior, debemos juntarnos con personas que ya lo tienen, con personas que ya han llegado adonde queremos llegar y que, seguramente, han sufrido fracasos y caídas y te contarán todo lo que han pasado.

Te lo repito: no tengas miedo a caer porque, cuanto más caigas, más cerca estarás del éxito.

«Los grandes artistas como Dylan, Picasso y Newton se arriesgaron al fracaso. Si queremos ser grandes, tenemos que arriesgarnos también».

Steve Jobs

CÓDIGO 7

CREA NUEVOS PARADIGMAS

«Si sales con dos exitosos, tú serás el tercero,

pero si sales con dos idiotas, también serás el tercero».

Como te he ido explicando a través de los anteriores códigos, ya sabes que, si quieres subir a un nivel superior, debes estar dispuesto a introducir o filtrar nuevos paradigmas mentales en tu cabeza, pero antes debes haber identificado los viejos paradigmas que te han frenado y que te han conducido adonde estás en estos momentos.

Recuerda que somos el resultado de nuestras creencias, de nuestros programas mentales y nuestros pensamientos, ya sean positivos o negativos; por lo tanto, si hablamos de riqueza, estoy seguro de que tu mente está llena de viejos paradigmas que te han limitado y frenado para no poder llegar a un nivel superior que te permita ir a la conquista de tu riqueza.

Una vez más, y no me cansaré de repetírtelo a lo largo de este libro, ¡felicidades! Estás a punto de conocer la llave que te abrirá el camino hacia ese nivel superior que te permita romper con los viejos paradigmas y emprender el camino hacia tu riqueza, y esa llave para romper los viejos paradigmas es...

Reconocer.

Debes ser consciente de que existen frenos en tu cabeza, de que existen programas que te limitan y que han frenado tus sueños y tu libertad; en definitiva, que han frenado tu éxito.

Si tú reconoces que existen, vas a ser capaz de crear nuevos paradigmas con nuevas reglas de juego.

¿Y qué vas a lograr con esto?

Vas a ser capaz de escoger qué cosas debes crear y qué cosas no.

Así es: vas a tener la capacidad de poder escoger lo que quieras, con el poder de la consciencia y el poder del conocimiento, para lograr el éxito económico y personal y para hacer realidad todo lo que sueñes.

Sin embargo, para ello, primero debes ser consciente de que existen paradigmas que te frenan.

¿Recuerdas el trabajo previo que hiciste en tu cuaderno de bitácora anotando los que creías que debías eliminar? Sí, el trabajo que hiciste en el código 4. Pues ha llegado la hora de trabajar sobre él. No te preocupes por nada, aquí estoy yo para ayudarte a lograrlo.

Para ello, lo primero que debes saber es que existen tres tipos de creencias. Vamos a verlos uno por uno, ¿te parece?

La creencia «yo soy»

Esta es la primera y se basa en que sepas qué piensas de ti y cómo te afecta en tu vida.

Por ejemplo, si con respecto a la riqueza detectas que piensas cosas negativas debido a los programas que te han metido en la cabeza, los paradigmas negativos que han controlado tu mente, cosas como por ejemplo:

«No soy inteligente...»

«Nunca seré rico...»

«No soy una persona extrovertida...»

«No sé hablar en público...»

«No soy muy bueno para las matemáticas...»

«Soy un fracasado...»

«No tengo éxito económico...»

Etc.

Ya sabes que debes eliminarlos de tu mente subconsciente y, en su lugar, crear nuevos paradigmas, meter en tu cabeza nueva información que te potencie, que te haga grande, que te haga ser una persona de éxito.

Para ello, puedes meter cosas como:

«Yo soy rico...»

«Yo soy libre...»

«Yo soy exitoso...»

«Yo soy un líder...»

«Yo soy un gran inversor...»

«Yo soy bueno en todo lo que hago...»

«Yo soy buen padre, buen compañero, buen socio...»

«Yo soy próspero...»

«Yo soy riqueza...»

«Yo soy abundancia...»

«Yo soy un imán y atraigo prosperidad y abundancia...»

«Yo me merezco vivir con salud y riqueza...»

Meter información positiva de este tipo en tu mente hará que comiences a cambiar tus viejos paradigmas; por lo tanto, debes hacer esto constantemente.

Recuerda que el cerebro aprende por repetición y emoción, así que estos programas los debes repetir continuamente al menos por veintiún días.

¿Por qué ese tiempo?

Porque está demostrado que, en un plazo mínimo de veintiún días, las nuevas neuronas crean una sinapsis y quedan instaladas en nuestro cerebro.

Aún puedes potenciar este proceso todavía más.

¿Cómo?

Aumentando la emoción cuando hagas la repetición continua.

Ya sabes que la sinapsis neuronal del cerebro, cuando aprende por emoción, es mucho más fuerte; por tanto, no se trata únicamente de repetir como si fueras un loro sino de aumentar la emoción y sentir con el corazón mientras dices: «Yo soy rico», «Yo soy una persona de éxito», etc.

Recuerda que el cerebro no diferencia lo real de lo irreal, así que, si metes esa información dentro de ti, la sientes verdaderamente y la repites una y otra vez, tu cerebro lo creerá así y te convertirás en esa persona que estás diciendo y sintiendo.

Así se instalan los nuevos paradigmas y se almacenan dentro de tu cerebro, dentro del subconsciente, ocupando el lugar que dejan los viejos paradigmas que acabas de detectar y eliminar.

Para acelerar este proceso hay un mecanismo que hago con los asistentes a mi evento presencial llamado Bootcamp Águilas Millonarias —B.A.M.— en el que, durante cuatro días y tres noches, trabajan para eliminar los viejos paradigmas en ese plazo tan breve.

Al final del libro te hablaré un poco más de él. Ahora veamos el segundo tipo de creencias...

La creencia «qué piensas de la gente»

Este es el segundo tipo de creencias y se basa en que sepas cómo piensas que es la gente.

Sigamos poniendo como ejemplo la riqueza. ¿Qué piensas de la gente rica?

A nivel inconsciente o consciente, los programas mentales que nos han metido a la gran mayoría son:

«Los ricos son deshonestos».

«Los ricos son delincuentes».

«Los ricos se aprovechan de los pobres».

«Los ricos son corruptos».

«Los ricos nunca irán al cielo».

«Los ricos son avaros, tacaños, egoístas».

Etc.

¿Te suena alguna, varias o incluso todas estas afirmaciones?

Pues debes saber que, si te suenan, sin ninguna duda es porque están en tu subconsciente, dentro de tu mente.

Y... ¿sabes qué pasará si quieres ser rico y no has eliminado esta mala información y sustituido por programas mentales positivos antes?

¡Exacto!

Que vas a comenzar a dar los pasos que te conducen hacia la riqueza y estos programas van a hacer que te sabotees porque te harán pensar que estás en contra de los ricos porque piensas que son delincuentes, avaros, corruptos, etc., y, como no quieres ser una persona corrupta, te vas a sabotear sí o sí.

Sin embargo, ahora ya sabes que debes crear nuevos paradigmas que te hagan crecer y que no te hundan y, para ello, debes hacer una nueva lista de cómo piensan los ricos o qué ideas tienes de los ricos.

Por ejemplo:

> «Los ricos son buenos».
>
> «Los ricos hacen mucha beneficencia».
>
> «Gracias a los ricos hay fuentes de trabajo».
>
> «Gracias a los ricos tenemos un mundo mejor».
>
> «Los ricos son honestos».
>
> Etc.

Es decir, programas que te acerquen a ese mundo de la riqueza que deseas.

La creencia «el mundo es»

En esta creencia, cuando piensas basándote en los paradigmas que te han limitado durante todo este tiempo, ¿qué dices?

Pues cosas como:

> «El mundo está corrupto».
>
> «Cada vez hay más crisis en el mundo».

«El mundo cada vez es más pobre».

«El mundo está en la ruina cada vez más».

«Cada vez hay menos dinero en el mundo».

Etc.

Todo esto ha sido instalado en tu mente durante mucho tiempo por tu familia, por la sociedad, por tu religión, por tus amigos, pero no son tuyos, así que, de nuevo, tienes que hacer el mismo trabajo que te he explicado en las creencias anteriores: eliminar estos programas negativos de tu mente para instalar en su lugar los programas positivos que te acerquen a la riqueza que deseas obtener.

Ahora ya sabes que, si estás donde estás, es por culpa de unos programas mentales que no son tuyos y que está en tus manos poder cambiarlos por nuevos paradigmas que te potencien.

El cerebro procesa cuatrocientos mil millones de bits por segundo y, aun así, no nos hace ver toda la información porque utiliza un mecanismo llamado «selección neural», que tiene la capacidad de seleccionar y solamente hacerte ver las cosas en las que estás concentrado.

¿Te imaginas qué sucedería si nos hiciera ver toda la información?

¡Nos volveríamos locos!

Por ejemplo, gracias a la selección neural, las personas a las que les dan la noticia de que esperan un hijo, desde ese momento empiezan a ver a su alrededor a muchas personas que están embarazadas.

¿Por qué ocurre eso?

¿Aparecieron de la noche a la mañana?

No, estuvieron ahí siempre.

Lo que pasa es que, a nivel cerebral, el cerebro les hace ver solamente las cosas en relación con lo que están concentradas en ese momento, que es la llegada inminente de un hijo.

Por eso ven personas que están esperando un hijo o negocios y tiendas de niños o publicidad en la televisión de alimentos para niños, ropa para niños, cochecitos para niños... todo lo referente al niño que están esperando.

Todas esas cosas siempre han estado ahí, lo que pasa es que su cerebro no se lo hacía ver porque no estaban concentrados en eso.

Otro ejemplo que no sé si te ha sucedido a ti pero a mí me ha sucedido muchas veces...

Imagina que eliges comprarte un coche y te decides por un Mini Cooper de color azul.

¡Desde ese momento en que decides comprarte el Mini Cooper de color azul, vas a ver alrededor tuyo Mini Coopers de color azul por todos los sitios por donde caminas!

¿Dónde estaba este vehículo antes? ¿Escondido?

No. Estaba ahí, lo que pasa es que tu cerebro no te permitía verlo porque no estabas concentrado en ello.

Esa capacidad de la selección neural te hace ver solamente las cosas en las que tu mente está concentrada. Es por eso por lo que, si metes programas nuevos, paradigmas nuevos y te concentras en cosas positivas como que los ricos son buenos, el dinero es bueno, la gente no es mala, etc., ¿qué va a hacer tu cerebro?

Te va a hacer ver nuevas oportunidades en el mundo, te va a hacer conocer a personas con las cuales puedes hacer negocios, te va a hacer conocer cosas diferentes, cosas positivas, cosas que, si tienes pensamientos negativos, no vas a poder ver...

Por lo tanto, debes darle siempre información de lo que quieres ver, información positiva, información que te haga crecer, que te haga siempre ser la mejor versión de ti mismo.

La gran decisión

Una vez ya has llegado a este punto del libro, ya estás en disposición de tomar la gran decisión, que no es otra que elegir a qué tipo de personas quieres pertenecer.

Para ello, te presento un poco más cómo son y cómo se comportan:

Los co-creadores por defecto

Son personas que viven con los paradigmas e inclusive las emociones de los demás y nunca se cuestionan nada, dan por hecho que es así y punto.

Por ejemplo, dicen cosas como:

«Mi carácter es así y no puedo cambiar».

«Yo nunca podré ser rico».

«Yo nunca podré hablar en público».

«Para mí es imposible que los pobres se conviertan en ricos».

«Yo no soy bueno para las finanzas».

«Tengo las manos como un colador, el dinero se me va inmediatamente».

«Ser rico es imposible».

«Tengo el mismo carácter que mi padre».

«Soy igual a mi madre».

«Soy muy tímido y siempre lo he sido y no puedo cambiar».

Etc.

Lamentablemente, casi el 95% de la población son co-creadores por defecto y la gran mayoría vive de esta manera, con programas y paradigmas de otros.

Si este es tu caso no debes preocuparte porque, como ahora sabes, todos estos programas, paradigmas y creencias han sido instalados en tu mente por otras personas, no por ti.

Hay una historia muy bonita de una pareja de Perú que se casó y la esposa, cada vez que cocinaba arroz con pollo, servía el arroz en un plato y el pollo lo separaba en otro plato.

Debes saber que en Perú comemos un plato único; por eso, después de un cierto tiempo de casados, el marido le dijo: «Amor, ¿por qué me sirves siempre el arroz y el pollo por separado si normalmente se sirve un plato único?».

A lo que la esposa le respondió: «Así me han enseñado y así es mejor, comes el pollo separado».

El marido, quien seguía sin dar por respondida su pregunta, dijo: «¡Pero si para comérmelo siempre lo junto en el mismo plato, no sé por qué lo separas!».

La esposa, un poco ofendida, respondió: «¡Así me ha enseñado mi madre! Ella lo hace así y así es».

Un día en que la madre estaba invitada a cenar en casa de la pareja, en un momento de la cena, el esposo le preguntó a la suegra el porqué de esta costumbre y la suegra respondió: «Porque es así. Así me han enseñado y así es».

No se lo cuestionaban, no se preguntaban por qué lo hacían, simplemente lo hacían y punto.

Vista la respuesta, decidieron llamar a la abuela y le preguntaron: «Abuela, aquí mi marido nos hace esta pregunta y queremos resolverla de una vez por todas: ¿por qué nos has enseñado a servir el arroz con pollo en platos separados?».

Y la abuela respondió: «Hija mía, porque en ese tiempo no había mucho para comer y lo separaban en dos platos para que pareciese que servían abundante comida».

Parece una broma, pero hay mucha gente que vive así, con programas que ni siquiera se preguntan por qué son así, simplemente lo hacen y punto.

Los co-creadores intencionales

El otro tipo de personas son los co-creadores intencionales.

Son personas que se toman la responsabilidad de sus vidas, son arquitectos de su destino, inclusive rompiendo normas.

Ojo, no estoy diciendo rompiendo leyes, pero se lo cuestionan todo: cualquier tipo de información, si hay otro modo de hacer las cosas, etc.

Son personas que buscan constantemente ser libres, no se quedan con la duda o no creen solamente lo que les dicen.

Eso es lo que tienes que aprender a hacer.

Es más: si estás leyendo este libro, no creas lo que te estoy diciendo, simplemente busca una manera diferente de ver las cosas de las que te han enseñado habitualmente.

Si deseas crear tu vida como siempre has soñado, debes aprender a ser un co-creador intencional y la llave para comenzar a serlo es actuar como una persona rica.

Cuando decidí salir de mi clínica, cuando decidí hacer cosas diferentes, tuve que combatir con muchos paradigmas que tenía en la cabeza porque, ¿te imaginas lo que me decían siendo un dentista con éxito, con la agenda llena, que trabajaba mucho y que de repente comencé a hacer cosas diferentes?

Exacto: la gente me catalogaba de loco, pero yo sabía y había entendido qué era la libertad y estaba luchando por lograrla y por eso comencé a prepararme para ello.

Tomé la gran decisión de ser co-creador intencional y para ello sabía que, si quería ser libre, tenía que hacer cosas diferentes y lo primero era eliminar mis paradigmas antiguos.

Por ejemplo, el paradigma del que te he hablado antes que estaba dentro de mí y que me llevó mucho tiempo eliminar: sí, ese paradigma de que, «para tener dinero tienes que trabajar duro, tienes que trabajar como una bestia».

Esto fue instalado en mi cerebro desde niño y fue así durante muchísimo tiempo, hasta hace seis años atrás, cuando trabajaba de lunes a sábado de ocho de la mañana a ocho de la noche y con la agenda siempre llena.

Es cierto, tenía éxito económico, pero me estaba privando de mi libertad y tuve que luchar con este paradigma, comenzar a delegar trabajo y, cuando llegó el momento de ser libre, de poder trabajar menos y ganar dinero, como dentro de mi subconsciente existía la creencia de que si quería tener dinero tenía que trabajar mucho, tenía ataques de estrés y ansiedad y me sentía mal conmigo mismo.

Me sentía como una persona que estaba explotando al resto, pero no era así, simplemente había delegado mi trabajo. Por lo tanto, tenía que leer, formarme, educarme de manera diferente, meter nuevos paradigmas en mi mentalidad para poder ser libre.

La única manera de que puedas ser libre es metiendo programas nuevos.

Se dice que el dinero hace la riqueza, que si eres pobre no vas a ser rico. Yo vengo de una familia muy pobre y también tuve que luchar mucho con esos paradigmas para eliminarlos.

No es fácil, pero lo logré.

¿Por qué?

Porque tomé la gran decisión y elegí ser un co-creador intencional.

Sé, sin temor a equivocarme, que esta va a ser tu elección también. Por eso te digo que leas mucho y frecuentes cursos y eventos como los que yo realizo, donde trabajamos con los asistentes para que logren un cambio mental de ciento ochenta grados, un cambio mental completo.

«La falta de dinero no es el problema,

el problema es tener una mentalidad pobre».

CÓDIGO 8

FORMACIÓN

«La educación es el arma más poderosa que puedes tener

para cambiar el mundo».

Nelson Mandela

Cuando desperté y me di cuenta de que no podía quedarme con mis viejos paradigmas y de que debía salir del sistema que me habían impuesto, me tuve que educar de forma diferente.

Hasta ese entonces, mi educación y mi crecimiento sólo estaban conectados a mi profesión. Mis libros, los cursos, los másteres que hacía... todo estaba conectado a mi profesión y me hizo crecer mucho a nivel profesional, pero a nivel personal siempre era lo mismo.

Cuando decidí cambiar de ruta y educarme de otra forma, comencé a leer libros diferentes: de inversión, de finanzas, de desarrollo personal, de desarrollo espiritual, etc., y empecé a frecuentar cursos, eventos de formación y seminarios relacionados con lo que estaba buscando: ser libre económicamente.

En otras palabras: busqué hacer algo distinto de la manera que lo hacen las personas extraordinarias porque, ¿sabes qué sucede normalmente cuando las personas ordinarias buscan hacer algo diferente?

Que piden consejo a sus padres, a los tíos, a los amigos, a los amigos de fútbol del fin de semana...

Pero, como ninguno de ellos ha hecho o ha tenido resultados sobre lo que esas personas están buscando, les dicen que eso no funciona, que es arriesgado, que no se metan, que es complicado o peligroso, y les dan consejos negativos porque son personas que nunca lo han hecho; por tanto, los buscadores no obtienen resultados.

Así que, cuando comiences a educarte y hacer las cosas de manera diferente, no busques consejos de personas que nunca lo han hecho. Tienes que buscar consejo de personas que ya tienen los resultados que estás buscando porque tú quieres ser una persona extraordinaria.

Si estás buscando tu libertad financiera, debes comenzar a educarte de forma diferente a lo que te han enseñado, porque los programas académicos de los colegios y/o universidades, nunca te enseñarán Educación Financiera I, Educación Financiera II, Educación Financiera III o Libertad I, Libertad II, Libertad III, o quizá Estilo de Vida I, Estilo de Vida II, Estilo de Vida III.

Es cierto que nos enseñan muchas materias a lo largo de nuestras vidas y nuestra carrera, de las cuales muchas no nos sirven, pero, como he mencionado arriba, lo que es educación financiera, estilo de vida y libertad, eso no te lo enseñarán nunca.

¿Por qué?

Porque es un sistema al que no le conviene que seas libre sino que seas un esclavo moderno. El sistema desea que seas su esclavo.

En los últimos treinta años, el mundo ha cambiado completamente: la forma de comunicarnos, la forma de ver la televisión, la forma de vender o comprar cosas, la forma de hacer negocios internacionales...

Ha cambiado completamente todo.

Ahora puedes hacer un negocio que actúe en varios continentes desde tu ordenador, sin necesidad de movilizarte.

Cambió todo: la forma de viajar, la forma de buscar hoteles, la forma de moverse con un taxi... y sigue cambiado todo menos el sistema educativo, que desde hace más de cincuenta años no ha cambiado en nada.

¿Por qué?

Ahora tienes la respuesta: nos quieren tener siempre en la esclavitud. No con cadenas físicas, como en la época de la esclavitud, sino que nos tienen en la esclavitud con cadenas mentales.

Hay tres tipos de educación que te llevarán a la transformación.

El primer nivel: la lectura

¿Qué lees actualmente?

¿Educación financiera?

¿Desarrollo personal?

¿Sobre mentalidad de riqueza?

De hecho, al leer este libro ya vas por delante de muchas personas.

En la lectura puedes encontrar mucha información y la ventaja de que el mundo esté cambiando es que actualmente puedes obtener información de muchas formas: leyendo, escuchando audiolibros, viendo vídeos...

Todos esos medios te brindan información inmediata que puedes comenzar a aplicar al instante.

El segundo nivel: los eventos presenciales

Existe un nivel superior a la lectura: asistir a cursos, seminarios, etc.

En muchos de esos eventos encontrarás gran cantidad de información, pero en muy pocos encontrarás una verdadera transformación como la que nosotros realizamos en el evento El Código de las Mentes Millonarias.

En este evento en vivo, más que información, vivirás el inicio de tu verdadera transformación, y en el *Bootcamp* Águilas Millonarias cerramos el ciclo de tu transformación a nivel mental, a nivel emocional y a nivel espiritual y hacemos que te conviertas en un verdadero capitán de tu destino.

El otro punto importante de un evento presencial es que te encuentras con personas que tienen el mismo objetivo que tú, que están buscando lo mismo que tú.

Es decir: si asistes a un evento de educación financiera, encontrarás a personas que están buscando su cambio a nivel financiero; si acudes a un evento de desarrollo o crecimiento personal, encontrarás personas que quieren desarrollarse como personas; o, si estás buscando un curso de espiritualidad, encontrarás personas que quieren mejorar su espiritualidad.

Por lo tanto, el lugar es óptimo para trabajar en grupo con personas con el mismo deseo que estás buscando.

Cuando comencé a frecuentar cursos de desarrollo personal y de finanzas, conocí a muchas personas con los mismos deseos de crecer que tenía yo y actualmente tengo tres socios que conocí en uno de estos eventos, con los que comparto los mismos deseos de crecer y de hacer negocios.

El tercer nivel: el mentor o *coach*

¿Qué es un mentor?

Es una persona que ha obtenido los resultados que estás buscando.

Un mentor te aporta claridad en el mapa del camino que debes recorrer para llegar a tu objetivo.

Por ejemplo: si quieres aprender a esquiar, debes buscar un maestro de esquí.

Puedes comprar un libro en el que leas todas las técnicas de esquí, cómo aumentar en velocidad, cómo frenar, cómo tomar las curvas y cómo encontrar tu propio equilibrio, o bien puedes ver un vídeo donde aprenderás todas las técnicas, pero nunca te convertirás en un profesional y será difícil que obtengas unos buenos resultados.

En cambio, si buscas un maestro de esquí, el maestro de esquí te dará primero todas esas indicaciones teóricas, cómo hacer los movimientos, cómo acelerar, cómo frenar, cómo tomar las curvas, etc., y luego te tomará de la mano y te enseñará a esquiar.

Lo mismo sucede si quieres tener mejores resultados a nivel financiero: debes buscar un mentor; en este caso, un mentor que haya llegado donde tú quieres llegar, que tenga resultados, porque él sabe qué camino debes recorrer.

Muchas personas piensan que es muy costoso tener un mentor, pero te puedo asegurar que más costoso es no tenerlo.

Cuando me decidí a salir de mi cárcel dorada, de mi consultorio, lo primero con lo que comencé fue con las lecturas y luego a frecuentar seminarios.

En uno de los libros que leí y que transformó mi vida, el autor decía que todas las personas de éxito y millonarias tienen un mentor y un *coach* y ponía el ejemplo de que cualquier atleta olímpico que, por más que sea el mejor del mundo, tiene un *coach* físico y un *coach* mental porque en los récords olímpicos las diferencias sólo son de segundos o milésimas de segundo y he aquí donde hace la diferencia el mental o *coach*.

Yo soy una persona que busca hacer las cosas de manera diferente a los que hasta ahora me han rodeado, así que siempre sigo el ejemplo de las personas que ya han logrado los resultados que yo deseo para mí.

Por lo tanto, cuando comencé mi nueva etapa, busqué un *coach* financiero que me quitó la venda de los ojos, me hizo ver dónde estaba en realidad mi situación económica y me dio todas las estrategias a realizar para lograr mis objetivos.

Te aseguro que, sin los consejos y las estrategias de mi *coach* financiero, me hubiese sido muchísimo más difícil recorrer el camino.

Lo mismo sucedió cuando descubrí mi misión y deseo de transmitir información de mi experiencia de vida y transformar vidas convirtiéndome en un formador.

Para acelerar el proceso, tuve que buscar un mentor que hacía lo que yo quería hacer y que tenía buenos resultados.

Como te estás dando cuenta, de lo que te estoy hablando es de acelerar el tiempo que, como bien sabes, es lo más precioso y valioso que tenemos.

Por lo tanto, si a la hora de formarte aceleras el proceso contratando a un mentor o *coach*, tendrás mucho que ganar.

Ahora que ya conoces los tres niveles de formación: lectura, frecuentar cursos y/o seminarios y contratar a un mentor o un *coach*, antes de pasar al siguiente código, te propongo un reto...

Deja de leer un instante, toma tu cuaderno de bitácora y anota en él qué tipo de *coach* estás dispuesto a buscar en este momento o en el transcurso de esta semana para empezar a tener resultados en lo que estás buscando.

Si estás leyendo este libro, seguramente estarás buscando mejorar tu economía, así que te reto a que te pongas en acción y busques a ese mentor que acelerará tu proceso.

Piensa en ello, anótalo en tu cuaderno de bitácora y, en cuanto regreses aquí, comenzamos con el siguiente código.

«No vayas donde guía el camino, ve donde no hay camino y deja huellas».

Ralph Waldo Emerson

CÓDIGO 9

DISCIPLINA

> *«Ser emprendedor requiere de muchísimo aguante,*
> *muchísimo reto, muchísima terquedad inteligente*
> *y mucha, pero mucha disciplina».*
>
> Jürgen Klaric

¿Ya determinaste qué tipo de mentor o *coach* necesitas para acelerar tus resultados?

¿Ya definiste los pasos de acción que tomarás esta semana para buscarlo, encontrarlo y contratarlo?

¡Excelente!

Pues ha llegado el momento de presentarte el noveno código: la disciplina.

Este código es muy importante porque, una vez que has identificado y eliminado los paradigmas que te limitaban y has instalado nuevos programas para crear una mejor versión de ti mismo, es el que te va a hacer progresar cada vez más.

Puede que la disciplina te parezca fácil de desarrollar, pero no es así; no te dejes engañar, no te va a ser nada fácil.

¿Por qué?

Porque muchas veces la disciplina es percibida como un enemigo de la diversión, ya que es más fácil para tu cerebro dejar de hacer lo que debes de hacer para avanzar y dejarte llevar por la diversión o el placer; es decir, hacer cosas fáciles como ver la televisión, jugar a la consola, ir a bailar, comer alimentos basura, etc.

Pero recuerda: la disciplina viene con un plan para llegar a obtener resultados, crecer y avanzar constantemente hacia el logro de tus objetivos

Considera que la disciplina es el puente entre tu objetivo y el resultado; si no existe ese puente llamado disciplina, te será muy difícil llegar a obtener ese resultado.

Por ejemplo: si tu objetivo es perder peso, el resultado será estar en forma, mejorar tu salud o quizá perder diez kilos.

¿Qué tienes que hacer para obtener ese resultado?

Debes comenzar a cambiar tus hábitos y aquí entra en juego la disciplina, porque debes empezar a comer de una forma diferente: comer sano y evitar dulces, grasas, frituras y comidas basura al mismo tiempo que debes comenzar con la actividad física del tipo salir a correr, ir al gimnasio, levantarte más temprano, etc.

Cuando te pongas en marcha con todo esto, como tu mente y tu cuerpo no están acostumbrados a este tipo de alimentación y a ese estilo de vida, no te será nada fácil y en poco tiempo vas a sentir la tentación de renunciar a bajar de peso. Por eso se necesita mucha disciplina.

Lo mismo sucede si quieres ser rico.

Debes tener mucha disciplina porque es muy fácil que yo te enseñe cómo administrar tu dinero, cómo evitar gastos inútiles, cómo salir de las deudas malas con los bancos, pero esto no sirve de nada si no tienes la disciplina necesaria para aplicar todo lo aprendido.

El secreto para tener disciplina

El secreto para tener disciplina es la motivación.

Para lograr todo objetivo que te propongas, debes tener un porqué muy grande, un porqué que te queme adentro, para que esa disciplina forme parte de tu ADN.

Si quieres ser rico y libre financieramente, el qué y el cómo no son importantes, lo más importante es el porqué: ¿por qué quieres ser rico? ¿Por qué quieres ser libre?

El qué debes hacer y el cómo lo debes hacer se encuentran en el camino cuando tienes un porqué muy grande, un porqué que no te deja dormir y que te pone en acción.

Te pongo un ejemplo que seguramente te suene...

¿Te das cuenta de que normalmente, en año nuevo, todas las personas hacen su lista de nuevos propósito como perder peso, ir al gimnasio, comer menos, comenzar a ahorrar, comenzar a invertir, hacer los cursos, mejorar el inglés, mejorar su oratoria, desarrollo personal, etc.?

No te niego que muchos comienzan con muchas ganas, pero ¿qué sucede si su motivación no es lo suficientemente grande?

Que, después del segundo mes como máximo, se olvidan de todos sus propósitos y regresan a la rutina normal de siempre.

Todos los años veo en el mes de enero, máximo la primera semana de febrero, los gimnasios llenos y muchísima gente saliendo a correr por las calles por las mañanas, todos con muchas ganas de cambiar su estado físico, pero, en marzo y abril, todas estas personas desaparecen como por arte de magia.

¿Por qué?

Porque no tienen una motivación, no tienen un porqué lo suficientemente grande que les haga tener la disciplina necesaria para cambiar lo que quieren cambiar ya que el código de la disciplina no está instalado en su ADN.

Ahora ya sabes que si quieres tener éxito, ser rico y libre financieramente, debes tener mucha disciplina, pero no sólo eso: también tienes que tener un porqué muy grande, ya que la disciplina está estrechamente relacionada con los hábitos y costumbres y, dado que a nuestro cerebro le gustan las cosas fáciles, una vez que están instalados los hábitos, cambiarlos es muy difícil.

Te pongo un par de ejemplos.

Si cuando te duchas sueles comenzar lavándote primero la cabeza, luego los brazos, después las piernas y por último los pies, solamente prueba a hacer todo lo contrario, comienza primero por las piernas, luego sigue por las axilas y después por la cabeza. ¡Te sentirás completamente extraño porque estás acostumbrado a una forma de hacer las cosas!

Lo mismo sucede si vas a trabajar en el coche y todos los días recorres la misma ruta. Si pruebas un día a volver a casa por una vía diferente, te puedo asegurar que te vas a sentir incómodo porque estás acostumbrado a hacer el mismo recorrido y puede que te sientas, incluso, como si no estuvieses regresando a casa.

¿Por qué sucede esto?

Porque somos animales de hábitos y a nuestro cerebro le gustan las cosas automatizadas. Todo cuanto puede lo hace en automático.

Es por eso que tu disciplina debe ser constante, porque es mucho más fácil ser indisciplinado.

Es mucho más fácil ver la TV que leer un libro.

Es mucho más fácil levantarse tarde que levantarse temprano.

Es mucho más fácil gastar que ahorrar.

¿Por qué?

Porque para nuestro cerebro es más fácil buscar el placer inmediato.

¿Puedes dejarte llevar por el camino fácil?

Sí, pero teniendo claro que, si dejas de hacer las cosas que te hayas propuesto o haces cosas negativas, tendrás consecuencias a largo plazo en tu vida.

La disciplina en tu caso es cumplir toda esta serie de normas y conductas que he seleccionado y te estoy revelando en forma de códigos para alcanzar tu éxito deseado.

Las personas indisciplinadas cambian constantemente de normas y saltan de un objetivo a otro con mucha facilidad dejando proyectos a medio camino, cambiando reglas y cambiando realidades.

¿Conoces la excusa más común que se cuentan estas personas?

Que algún día lo harán.

Estoy seguro de que conoces muchas personas así, ¿verdad?

Quiero que te grabes esto a fuego en tu mente: **por cada esfuerzo disciplinado que hagas obtendrás múltiples recompensas.**

Sé que necesitas tener mucha disciplina para cambiar los hábitos y costumbres que están impregnados en tu ser; por eso debes trabajar mucho en tu subconsciente, porque tu cerebro trabaja de forma automática y has de cambiar esas automatizaciones que a nada te han conducido.

Para ello, lo primero que tienes que hacer es tomar tu cuaderno de bitácora y hacer una lista de las cosas que quieres hacer en tu vida y cosas que quieres mejorar: estado físico, estado emocional, estado financiero...

Una vez hecha la lista, deberás tener la disciplina de ir avanzando con esas mejoras y tener muy claro que los cambios deben ser poco a poco.

«La distancia entre un sueño y la realidad se llama disciplina».

CÓDIGO 10

ACUERDO CON EL MUNDO

«Soy el único responsable de mi propia felicidad.

Nadie más tiene derecho a decir lo que es bueno o malo para mí».

Paulo Coelho

A estas alturas del libro ya entiendes muchas cosas pero, sobre todo, hay una que considero fundamental para tu cambio y es que no eres realmente lo que creías ser.

¿Por qué lo entiendes?

Porque ya te has cuestionado los muchos programas y paradigmas que te habían fijado, que te habían hecho creer y que te han puesto la etiqueta sobre qué tipo de persona eres.

Quizá hayas vivido toda tu vida creyendo que eres así, pero ahora ya sabes que eres y puedes ser mucho mejor de lo que creías y de lo que te hicieron creer, que puedes mostrar una versión mejor de ti mismo y llevar a la máxima potencia tu capacidad.

Recuerda que, cuando lo hagas, en el mundo de las personas ordinarias creerán que estás loco, que tu idea no funciona, que es mejor que te busques un trabajo, que eso no es para ti, y te dirán que no sueñes mucho.

Si te dicen esto, ¡felicidades, vas por buen camino!

Por eso tienes que llegar a un acuerdo con el mundo, pero primero debes hacerlo contigo mismo acerca de qué quieres ser realmente, de en qué te quieres convertir y de que lucharás por tu sueño y por tu verdadera libertad.

Una vez que llegues al acuerdo contigo mismo, quedará grabado dentro de ti y entonces será cuando debas usar las redes sociales para hacer ver al mundo lo que quieres ser.

Puedes publicarlo en tu perfil de Facebook, Instagram, LinkedIn, etc.: decir lo que eres realmente sin esconderte ni tener miedo del prejuicio de la gente.

Las personas millonarias lo tienen muy claro: no se esconden ni tienen miedo a las críticas, van a por sus sueños y nada ni nadie las detiene.

¿Cometerán errores?

Sí.

¿Se equivocarán?

Sí.

Sin embargo, esto no hace que no lleguen un acuerdo con el mundo y no digan lo que quieren, porque las personas millonarias siempre dejan un mensaje muy claro al mundo: dicen qué son, qué quieren y qué cosas obtendrán.

En mi caso, después de seis años de formación en el mundo del desarrollo personal y de las finanzas, comencé a tener buenos resultados.

En la parte financiera comencé a crear varias empresas y a participar como inversor en varias Start Up y aprendí a jugar el juego del dinero, aprendí que yo no debía trabajar por dinero sino que el dinero tenía que trabajar para mí.

Aprendí a delegar mi trabajo principal de dentista y a obtener mi verdadera libertad.

Para mí era natural convivir con las personas que conocí en mi nueva fase de vida y aconsejaba a todos sobre qué hacer para poder salir del sistema.

Cuando me di cuenta de que inspiraba a muchas personas a cambiar sus vidas y que para mí era algo natural dar consejos, siempre con la buena voluntad de hacer crecer a las personas, y que me podía pasar horas y horas charlando y aconsejando sin darme cuenta de que el tiempo pasaba, fue cuando descubrí mi verdadera misión de vida y decidí convertirme en formador, en transformador de las vidas de muchas personas.

Ahí llegó el momento de anunciar al mundo mi nueva fase de vida, porque hasta ese momento, en mi perfil de Facebook, Instagram y LinkedIn, me presentaba como el Dr. José Ramírez Lazo.

Me fue muy difícil cambiar mi perfil porque tenía miedo a las críticas, a los prejuicios de la gente y sentía una gran dificultad que me hacía contarme mil historias: «¿Qué van a pensar de mí?», «¿Qué dirán mis pacientes?», «¿Qué opinará mi familia y mis colegas?», «¿Qué dirán mis amigos?».

En definitiva, me vinieron todas las historias que uno se cuenta mentalmente.

No obstante, cuando decidí realmente qué quería hacer para ir por mis sueños, por lo que yo quería realmente, que era transformar vidas y enseñar a abrir los ojos y cambiar a las personas, di a saber al mundo en qué me había convertido.

No lo dudes, hazlo.

Desde ese momento en el que llegues a un acuerdo contigo mismo y con el mundo, tendrás más seguridad, te sentirás más fuerte y lo más importante: no habrá marcha atrás.

«No vine a este mundo a vivir de acuerdo a tus expectativas, vine a este mundo a vivir de acuerdo a las mías».

Bruce Lee

CÓDIGO 11

EXPANSIÓN

«Hay tres tipos de personas en este mundo:
primero están las que hacen que ocurran las cosas,
luego están los que ven como ocurren las cosas
y, por último, están las que preguntan qué ha ocurrido.
¿Cuál quieres ser tú?».

Steve Backley

Las personas de mentalidad millonaria están en constante búsqueda de su expansión y crecimiento, no sólo a nivel financiero sino como personas y a nivel espiritual: buscan ser mejores padres, ser mejores maridos o mejores esposas, etc.

Recuerda que siempre hay un nivel superior y que, para poder crecer y expandirte a nivel financiero, debes salir de tu zona de confort.

Ya sabes que la zona de confort es aquella zona en la que ya lo conoces todo y dominas todos tus hábitos, rutinas, actividades y comportamientos.

Ya sabes también que muchas personas tienen miedo a salir de su zona de confort porque tienen miedo a lo desconocido.

Sin embargo, también sabes que, si te quedas en tu zona de confort, te estancarás y no tendrás ninguna posibilidad de crecer y expandirte.

¿Cómo salir de tu zona de confort sí o sí?

Uno de los factores más importantes para salir de tu zona de confort es que aprendas a delegar.

Sí, ya sé que estás pensando que no es fácil y te entiendo perfectamente porque yo también he pasado por esto. Es más: si eres autónomo y tienes tu propio negocio o eres un profesional independiente, aún te va a ser más difícil, pero recuerda que todo es cuestión de mentalidad.

Llegados a este punto, quiero que grabes en tu mente esto que estoy a punto de revelarte porque va a ser clave en tu proceso de expansión.

Cuando aprendas a delegar y comiences a hacerlo, te van a entrar mil y una dudas y temores, algo normal porque estás haciendo algo desconocido para ti hasta entonces, y mi consejo es que tengas siempre en mente que lo estás haciendo para salir de tu zona de confort.

Por favor, recuerda esto siempre.

¿Por qué?

Porque al principio, cuando comiences a delegar, ganarás menos ya que, si delegas, tendrás que pagarle a la persona que hará el trabajo por ti y, por lo tanto, pasarás por un periodo donde tendrás menos entradas de dinero.

Por ejemplo: si antes ganabas cien, ahora tendrás que pagar veinte, treinta o cuarenta a alguien para que haga el trabajo por ti, pero no pienses que estás ganando menos porque a medio plazo lo recuperarás con creces, ya que a cambio de ese dinero que estás pagando a otra persona, obtendrás el tiempo libre que necesitas para pensar en nuevos proyectos y expandirte mucho más rápido.

Una vez que domines el arte de delegar, entrarás en la siguiente fase de expansión, que es comenzar a sistematizar tu actividad hasta llegar a un punto en el que no sea necesaria tu presencia para que tu actividad funcione.

Es ahí, en el momento en que tu actividad funcione de forma automatizada, cuando se convertirá en una entrada automática de dinero; es decir, comenzarás a tener ingresos pasivos porque ya no cambiarás tu tiempo por dinero y en tu tiempo libre crearás más fuentes de ingresos automáticos.

En otras palabras: es ahí cuando comenzarás a saborear tu verdadera libertad financiera y donde tus actividades se convertirán en una auténtica autopista hacia tu verdadera riqueza.

Cuando decidí tener más tiempo libre, porque trabajaba en mi clínica de lunes a sábado desde las ocho de la mañana hasta las ocho de la noche, lo que podemos llamar un verdadero esclavo moderno, no me fue nada fácil delegar.

Yo quería, más bien necesitaba hacerlo, pero aun así no me fue sencillo hacerlo.

Por eso te he dicho antes que te será muy difícil delegar porque pensarás que nadie lo hará como tú, que tienes una técnica única y particular que sólo tú posees, que tienes un trato único con los clientes, que tienes ese secreto que es tuyo solamente, etc.

Todo esto lo sé porque también he pasado por ahí, pero también sé que, si no delegas, no podrás ser libre financieramente ni millonario y, por supuesto, no serás nunca libre; tan sólo serás un esclavo de tu trabajo o de tu empresa porque cambiarás tu tiempo por dinero.

Lo que tienes que aprender a hacer es que el dinero trabaje para ti y no tú por dinero y para eso tienes que crear...

El sistema INCA

¿Qué es el sistema INCA?

INCA es un acrónimo que significa:

Ingresos

Numerosos

Constantes

Automáticos

Únicamente serás verdaderamente libre y rico desarrollando el sistema INCA, pero para llegar a este tendrás que trabajar mucho en tu mentalidad aplicando los códigos de las mentes millonarias que te estoy revelando en este libro y rompiendo muchos paradigmas.

Recuerda que el sistema, el *statu quo*, nos quiere como esclavos modernos y tenernos siempre en el rebaño de ovejas.

REBAÑO DE OVEJAS	ÁGUILAS MILLONARIAS
95%	**5%**
de la Población	**de la Población**

Como ves, aquí he trazado una raya en el medio y he puesto a la izquierda el rebaño de ovejas, que es el 95% de la población, y a la derecha a las águilas millonarias, el 5% de la población en el que vas a estar tú en cuanto apliques todo cuanto estoy revelándote en este libro.

¿Por qué estoy tan seguro de ello?

Primero, porque esta es mi misión de vida: hacer que las personas salgan de este rebaño de ovejas y convertirlas en verdaderas águilas millonarias que puedan abrir sus alas para volar lo más alto posible, sin límites.

Segundo, porque yo también estuve en este rebaño de ovejas, siguiendo el guion establecido por el sistema: «Debes ir a la universidad, sacar buenas notas, titularte, hacer una especialidad, másteres y doctorados, buscar o crearte un trabajo; sólo así tendrás éxito en la vida».

Recuerda que esta fórmula ya no funciona porque es una fórmula totalmente obsoleta pero que, aun así, el sistema nos mantiene con la ilusión de pensar que esta es la fórmula de éxito y lo que es peor: nosotros lo creemos y seguimos transmitiendo esta información a nuestros hijos.

¡Es hora de que digas «basta» y abras los ojos!

Para ello debes cambiar de paradigmas y de mentalidad, debes convertirte en una verdadera águila millonaria.

Ya sabes cuáles son los dos grupos en los que se divide la población mundial y también tienes muy claro a cuál quieres pertenecer; por eso estás leyendo este libro.

Sin embargo, para reforzar aún más tu motivación y con ello tu disciplina a la hora de aplicar los códigos de las mentes millonarias, quiero hablarte de los dos grupos con más detalle...

Rebaño de ovejas: 95% de la población

En este grupo se encuentran todas las personas que cambian su tiempo por dinero, como: artesanos, profesionales, trabajadores del estado, taxistas, dueños de restaurantes, lavanderías, peluquerías, etc.

Todos ellos han caído en la trampa del sistema de trabajo que te dice: «Trabaja duro y tendrás más dinero».

Yo, como te he contado anteriormente, también estuve en este grupo de personas durante más de veinte años y también pensaba que la única solución para ganar dinero era trabajar duro.

Hemos hablado sobre la conclusión de este planteamiento, pero ¿sabes por qué no funciona esta fórmula?

Porque al final el tiempo tiene su límite. Todos tenemos sólo veinticuatro horas y lo peor es que estamos dando a cambio de dinero el único recurso que tenemos y que no tiene precio: nuestro tiempo.

Llegué a obtener dos títulos universitarios, varios posgrados y dos másteres porque, cuando eres autónomo y trabajas por tu cuenta, debes estudiar mucho y estar constantemente actualizándote para poder ser competitivo; por lo tanto, cuanto más estudies, mejor serás en lo que haces y en consecuencia siempre tendrás la agenda llena.

¿Pero sabes a qué te arrastra realmente todo esto?

A que comienzas a perder tu libertad personal: descuidas tu salud, descuidas tu familia, no tienes tiempo para la actividad física y te conviertes en un esclavo moderno, entras a formar parte del sistema de rebaño de ovejas.

Si es tu caso, no te culpo porque a ninguno nos enseñaron en las universidades o en las escuelas que debemos aprender el juego del dinero, como tampoco nos enseñaron la inteligencia financiera o la inteligencia emocional, las claves para el verdadero éxito y la verdadera libertad.

Esto lo aprendes sólo cuando comienzas a abrir los ojos, cuando comienzas a ver más allá del horizonte, más allá de lo que te han enseñado, porque lamentablemente estas cosas las aprendes en cursos o eventos extraoficiales.

La inteligencia financiera la enseñan en cursos, no en la universidad.

La educación emocional la aprendes en cursos o en eventos, no en la universidad.

Por eso mi misión es enseñar a la mayor cantidad de gente a ayudarlas a salir de ese rebaño de ovejas.

Águilas millonarias: el 5% de la población

Tengo la misión de ayudar a la mayor cantidad posible de personas en todo el mundo a salir del rebaño de ovejas y convertirlos en verdaderas águilas millonarias.

¿Cómo?

A través del *bootcamp* con ese nombre, Águilas Millonarias, en el que, durante cuatro días y tres noches, mi equipo y yo trabajaremos contigo para cambiar tu chip a nivel mental, emocional y espiritual.

Recuerda que **la riqueza no es cuestión de números sino de mentalidad** y que, tal y como conoce el grupo del 5%, para convertirte en una verdadera águila millonaria debes comenzar a construir el sistema INCA.

Todas las águilas millonarias que han salido de nuestro *bootcamp* son personas que ya disfrutan de su verdadera libertad y que saben hacer que el dinero trabaje para ellos y no ellos para el dinero.

Por supuesto, también son personas que tienen como misión enseñar a otros los códigos de las mentes millonarias y ayudar así a abrir los ojos al mayor número de personas posibles, como yo estoy haciendo contigo en este libro.

Así que ya sabes que, para ser un águila millonaria y expandirte cada vez más, lo primero que debes cambiar es tu mentalidad y grabar a fuego en tu mente todos los códigos de las mentes millonarias.

«El líder capaz entrena a su suplemento, al cual puede delegar a voluntad cualquier detalle de su posición.

Sólo de esta manera un líder se multiplica y se prepara para estar en muchos lugares y dar atención a muchas cosas al mismo tiempo».

Napoleon Hill

CÓDIGO 12

PIENSA EN GRANDE

«Si puedes recordar estas cosas, si puedes aprender a pensar en grande, nada en el mundo te detendrá para lograr el éxito en cualquier cosa que elijas hacer».

Ben Carson

Todas las personas de éxito, todas las personas millonarias, piensan en grande, así que debes aprender a pensar en grande para volar lo más alto posible, como una verdadera águila millonaria.

Estarás de acuerdo conmigo en que no puedes pretender vivir a lo grande si piensas en pequeño, ¿verdad?

Recuerda siempre que eres el resultado de tus pensamientos.

Todos hemos tenido alguna vez un sueño grande, pero, con el pasar del tiempo y la rutina diaria, caemos en la trampa del trabajo y entramos a formar parte del rebaño de ovejas, hacemos que nuestros sueños se queden ahí, en el cajón de los recuerdos, hasta que pensamos que sólo fue un sueño.

Por eso no se trata solamente de pensar en grande. Si no tomas acción, de nada vale.

Debes hacer un programa para revisar esos pensamientos y esos sueños y evitar que queden en el olvido, pero lo más importante cuando tienes un sueño muy grande es que, para que se convierta en realidad, debes tener la convicción de que lo vas a lograr: debes creer en ti.

Ahora que tienes la convicción de que serás una verdadera águila millonaria, ya sabes que nada ni nadie te detendrá para realizar esos sueños.

Si quieres ser verdaderamente rico, debes pensar en grande y no conformarte con las cosas pequeñas; piensa siempre en que todo lo que ves a tu alrededor, la bombilla que te ilumina, tu ordenador, tu teléfono móvil, la silla en la que estás sentado, la pintura, el piso, el bolígrafo, las gafas de sol, el coche, la calculadora, etc., es el resultado de alguien que osó pensar en grande.

La evolución continua de Internet y de todas las aplicaciones que tenemos en nuestros *smartphones*, el sistema *blockchain*, las criptomonedas, la inteligencia artificial, la impresión 3D, la robótica, las nuevas tecnologías, todo esto también es gracias a alguien que pensó en grande.

Sólo pensando en grande cambiarás tu realidad y la de las personas que te rodean.

Aléjate de la mentalidad mediocre

No seas como las personas mediocres, que buscan siempre una excusa para no luchar por sus sueños, por su libertad, y piensa en grande.

Es muy común encontrarse con personas que no paran de decir:

«Soy muy viejo».

«Soy muy joven».

«No tengo la experiencia necesaria para afrontar un nuevo reto».

«No tengo tiempo».

Etc.

¿Qué hacen cuando llegan a casa?

Ven la televisión, pasan el tiempo jugando a la consola, entran en Facebook o en todas las redes sociales que existen, por las noches van a jugar fútbol con los amigos o se van al bar...

¿Y qué hacen cuando les hablas de oportunidades para poder realizar sus sueños?

Te dicen que no tienen tiempo.

La otra excusa que les escucho muy a menudo es: «Yo no tengo dinero».

Eso dicen, pero tienen un *smartphone* que cuesta más de mil euros, abonos de TV por cable, Skype, Netflix, Spotify, etc., y dicen que no tienen dinero para realizar sus sueños. La única realidad es que lo dicen porque no piensan en grande.

Hay otra excusa muy común de los mediocres: «No tengo título de estudios porque no tuve la oportunidad de ir a la universidad».

Esto es sólo eso: una excusa.

¿Por qué?

Porque muchas de las personas que han cambiado la historia de la humanidad con sus innovaciones o empresas multinacionales ni siquiera terminaron el colegio.

Además, en el periodo en el que vivimos actualmente es mucho más fácil hacer realidad tus sueños que hace veinte, treinta o cincuenta años atrás. Vivimos en la época de la información y todo lo tenemos al alcance de nuestras manos, basta con hacer un clic para saber lo que queramos.

En la era industrial, si no provenías de una familia rica era mucho más difícil que fueses rico; en cambio, hoy en día tan sólo es necesario que tengas ganas de ser rico, pensar en grande y trabajar por ello.

Tan sólo te basta con modelar toda la información de que dispones y aprenderlo todo, desde las cosas más simples hasta las más complicadas. Todo está en tus manos.

Si quieres aprender a hacer una torta, basta con que busques en YouTube y encontrarás miles y miles de vídeos donde te enseñarán hacer tortas.

También viceversa: si sabes hacer buenas tortas, haces un vídeo tutorial, lo subes a YouTube y puedes comenzar a ganar dinero en el mismo YouTube.

Si tienes cualquier tipo de experiencia o dominas un determinado tema, ¿por qué no lo das a conocer al mundo aprovechando la facilidad que te proporciona Internet?

Incluso puedes abrir una tienda virtual en Amazon y vender productos sin la necesidad de tener ningún almacén o documentos de administración.

En serio, aprovecha este mundo globalizado donde no existen las fronteras.

Piensa en grande

Tienes que centrarte en ver soluciones y no problemas.

Si alguna vez se te atraviesa un problema, enfócate en cómo solucionarlo, busca siempre el lado positivo de todo.

Debes aprender el arte de pensar en grande y, para ello, tan solo debes aplicar los códigos de las mentes millonarias que te estoy revelando porque te darán inspiración para comenzar a pensar en grande y entrarás en un flujo positivo de ideas como este:

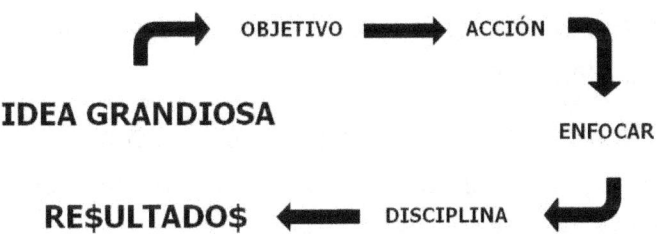

Recuerda que **la riqueza no es cuestión de números, la riqueza es cuestión de mentalidad**, ¿o acaso piensas que yo hubiera llegado donde me encuentro ahora si no hubiese pensado en grande?

Imagínate qué habría sido de mí si no lo hubiese hecho siendo un niño en una ciudad pequeña de los Andes, miembro de una familia muy humilde de siete hermanos que perdió a su padre cuando tenía tres años y con una madre que trabajaba en el mercado vendiendo comida, por la que nos levantábamos a las cuatro de la mañana para ayudarla...

En serio, ¿te imaginas qué habría sido de mí si me hubiese conformado con lo poco que tenía?

Si no hubiera pensado en grande, no habría podido tener todo lo que tengo.

Siempre he sido un eterno soñador. Cuando decidí emigrar a Italia, soñé con convertirme en uno de los mejores dentistas, con tener clínicas, etc.

Sí, en ese momento sólo era un sueño, pero ese sueño fue grande, muy grande, hasta que se convirtió en realidad y llegué a tener dos clínicas en Roma que aún facturan muchísimo dinero y llegué a ser orador de una multinacional de implantes dentales.

Todo esto lo había soñado empezando desde cero, porque yo siempre he pensado en grande, y eso es lo que tienes que aprender tú, a pensar en grande.

Ahora estoy en una nueva etapa que para mí es una misión, transformar vidas, y tengo la convicción de que voy a transformar miles, millones de vidas y de que voy a hacer que todas esas personas salgan del rebaño de ovejas y se conviertan en verdaderas águilas millonarias.

Estoy seguro de que lo lograré porque pienso en grande.

Y eso debes hacer tú también: pensar en grande y ser una verdadera águila:

Actitud

Grandeza

Único

Integro

Líder

Autoridad

«*Piensa en grande y tus hechos crecerán.*

Piensa en pequeño y te quedaras atrás.

Piensa que puedes y podrás.

Todo está en el estado mental».

Napoleon Hill

CÓDIGO 13

INTEGRIDAD

«La verdadera integridad es siempre hacer lo correcto,

aunque nadie sepa si usted lo hizo o no».

Oprah Winfrey

Hemos llegado al último código de las mentes millonarias, pero no por ser el último es el menos importante; es más, es uno de los códigos más importantes del libro.

Recuerda: nunca serás una verdadera águila millonaria si no aplicas este código de integridad.

La palabra integridad deriva del latín *integritas*, que significa totalidad, virginidad, robustez, y a la vez del adjetivo *integer*, que significa intacto, entero, no tocado, no alcanzado por el mal.

Es decir: la integridad es el código que te hará diferente al resto de las personas, es un código que te hará vivir y dormir tranquilo, que hará que el mundo te respete y las personas confíen en ti y quieran estar contigo siempre.

La integridad es vivir en armonía con el mundo y contigo mismo, es un valor importante de la vida que debe guiar tu camino hacia tu verdadera libertad.

Las personas íntegras son honestas, tienen control de sus emociones negativas, muestran respeto hacia los demás, son responsables de sus actos, son disciplinados, puntuales, leales, pulcros y actúan siempre con firmeza; por lo tanto, son correctos e intachables.

La integridad de una persona se nota desde los pequeños detalles.

Un detalle común que veo en todas las personas íntegras es la puntualidad, porque ser puntual en una cita es mostrarle respeto a la persona con la que te encuentras.

Llegar con retraso es una falta de respeto. Recuerda que la cosa más valiosa que tenemos es el tiempo y, si haces perder el tiempo a una persona, se lo estás robando.

Una persona íntegra demuestra las cosas con hechos y cumple su palabra con integridad, lo cual le da mucha más credibilidad ante los demás.

Para ser una persona íntegra, debes tener en mente una línea roja que marque perfectamente hasta dónde puedes llegar. No la debes superar nunca. Esto hará de ti una persona respetuosa y respetable.

Es verdad que, cuando hablamos de dinero y de negocios, te vas a encontrar con una jungla de personas sin código de integridad y que, si no aplicas este código en ti, será muy sencillo que caigas en su juego; no obstante, si tienes muy claro hasta dónde puedes llegar, si tienes siempre en mente la línea roja que no debes superar nunca, te será muy fácil decir «no» a los proyectos y negocios que no van con tu ética y tu integridad.

Cuando decidí salir de mi zona de confort, la cárcel dorada de mi clínica, busqué otras cosas y la primera cosa que me vino a la mente fue crear una empresa, una red de franquicias de clínicas dentales, porque mi campo era la odontología y sabía cómo moverme en él.

En ese entonces tenía dos clínicas y mi idea era crear una red de franquicias, así que busqué a una empresa especialista en franquicias con la que hicimos un estudio de mercado completo, buscamos la marca, los colores, la gráfica... en definitiva, todo el proyecto.

Todo iba bien hasta que llegó la persona que encargada de los números y me dijo: «José, en el primer proyecto piloto debes montar una clínica con tres sillones dentales y cada sillón debe facturar cien euros por hora» —la cifra de cien euros es para darte un ejemplo—.

¿Sabes cuál fue su respuesta cuando le expliqué que tener un sillón dental que facture cien euros por hora es un poco difícil porque hay ciertos tratamientos que no se pueden hacer en ese tiempo y cobrar cien euros; que, por lo tanto, no era factible?

Me dijo: «José, espera un momentito, aquí estás pensando como dentista, pero esto es una empresa y debes pensar como empresario, no como dentista».

En ese momento, salieron mi integridad y mi ética profesional y le respondí: «Espera un momento, me parece que me equivoqué, me parece que esto no es lo mío, así que lo dejo».

El dueño de la empresa especialista en franquicias me quiso convencer de que no lo hiciera; argumentó que, si me iba, perdería lo que había invertido y su cara de sorpresa e incredulidad aumentó cuando le dije: «Sí, tranquilo, no te preocupes. Sé que cometí un error, no he calculado este punto, por lo tanto, dejémoslo pasar y queda ahí todo».

En ese momento para mí fue más importante mi ética profesional porque, como dentista, sabía que hay ciertos tratamientos que no se pueden hacer bien en ese tiempo y sin embargo, en las franquicias lo hacen, explotando a los colegas dentistas y pagándoles un 20% o un 25%. Eso para mí no era ético.

Yo tengo colegas que trabajan actualmente en mi clínica y a los que les pago el 35%; por lo tanto, para mí no era ético explotar a mis colegas y no dar un servicio correcto a los pacientes de la clínica.

En consecuencia, descarté ese proyecto. Perdí mucho dinero, pero para mí era más correcto dormir tranquilo y, gracias a eso, tengo una vida mejor porque, cuando eres integro, tarde o temprano tienes recompensas y yo las tuve.

El dueño de la empresa de franquicias entró en política y se convirtió en senador de la República Italiana y, como me quedó una buena amistad con él, un día me llamó para saludarme e invitarme al senado para un almuerzo.

Para mí fue un honor enorme aceptar esa invitación de un amigo, más que de un senador, porque para mí es sobre todo un amigo.

Mientras almorzábamos, me dijo: «Tengo un proyecto en mente: estoy creando mi franquicia —porque él creaba franquicias para el resto, pero nunca había creado la suya— de lasañerías y quiero que participes como socio de mi proyecto. ¿Qué te parece si invitamos a dos personas más y lo creamos? Será una franquicia que tendrá el punto de arranque aquí en Italia, pero luego la expandiremos por el mundo».

Para mí fue un honor que este amigo me llamara para compartir su proyecto que, como ves, me trajo la recompensa por haber sido íntegro.

¿Adónde quiero llegar con todo esto?

A hacerte ver que si tú eres integro, si tú eres ético, las personas van a confiar en ti y te van a llamar para crear proyectos, te van a invitar a participar en negocios porque ser una persona íntegra como tú tarde o temprano aporta su recompensa.

La integridad es el valor más importante de este libro de los códigos de las mentes millonarias, así que te invito a que practiques ser íntegro en tu vida.

«La honestidad y la integridad son los activos más importantes de un emprendedor».

Zig Ziglar

CONCLUSIÓN

Ha llegado el momento.

¿De qué?

De terminar y empezar.

De terminar tu lectura de este libro en el que te he revelado los trece códigos de las mentes millonarias que he seguido y aplicado para lograr el éxito una y otra vez en todo lo que me he propuesto en mi vida y que seguiré aplicando para continuar mi trayectoria exitosa.

Ahora ya los conoces.

Ahora ya sabes que para convertirte en una persona exitosa, tal y como deseas, tienes que:

> Conocer tu don, tu talento oculto, y luchar por hacer de él tu forma de vida.

> Detectar los paradigmas erróneos que te frenan y cambiarlos por otros positivos que te hagan avanzar.

> Buscar constantemente el avance hacia el siguiente nivel y no acomodarte en tu zona de confort.

> Expandirte y delegar ciertas tareas a los demás, de manera que se automaticen y te den el tiempo necesario para ser libre y crear nuevos proyectos.

> Salir del rebaño y pasar de una vez por todas al grupo de ese 5% cuyos miembros quieren ser águilas millonarias.

Y, por supuesto, siempre ser una persona íntegra que cuente con el respeto de los demás.

Esto no es ningún secreto para ti, ahora ya lo conoces porque te he revelado los códigos de las mentes millonarias.

Esa ha sido la manera en que he cumplido mi 50% del trato que adquirí contigo desde el momento en que decidiste leer este libro; ahora eres tú quien decide si cumplir con la otra mitad, con tu 50%, que es aplicar en tu vida todo lo que acabas de aprender.

Si lo haces, ten por seguro que obtendrás los resultados que deseas e incluso más.

Sin embargo, para ello, debes aplicar, debes tomar acción con disciplina, sí o sí.

Sé que lo vas a hacer y que durante el proceso te van a surgir mil y una dudas; por eso te brindo mi ayuda para que avances muchísimo más rápido.

Me puedes encontrar en:

Facebook: José Ramírez Lazo

Instagram: José Ramírez Lazo

Mi web: www.joseramirezlazo.com/

Ya sabes que los límites sólo te los pones tú, así que estaré encantado de saber de tus éxitos ilimitados.

Tu amigo,

José Ramírez Lazo

www.ingramcontent.com/pod-product-compliance
Lightning Source LLC
Chambersburg PA
CBHW060855170526
45158CB00001B/362